· 教师心理工作坊 ·

U0646431

中小学生心理问题解决之道

陈祉妍 明志君 王雅芯 / 著

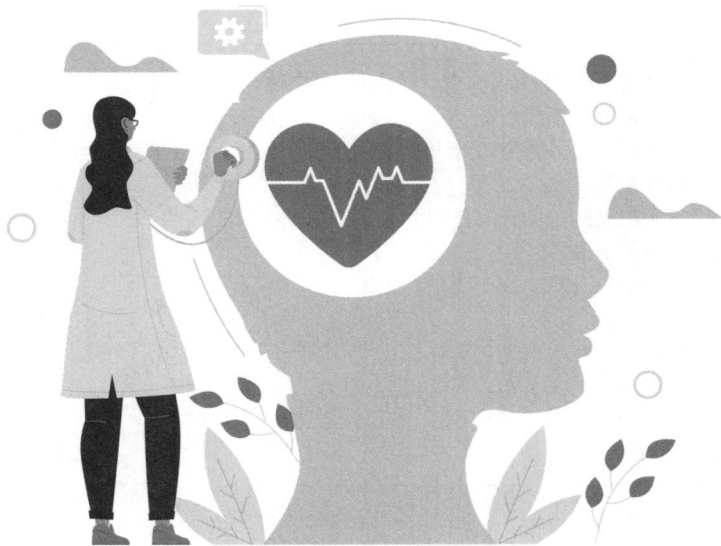

北京师范大学出版集团
BEIJING NORMAL UNIVERSITY PUBLISHING GROUP
北京师范大学出版社

图书在版编目(CIP)数据

中小学生心理问题解决之道 / 陈祉妍,明志君,王雅芯著. -- 北京 : 北京师范大学出版社,2025. 3.
(教师心理工作坊). -- ISBN 978-7-303-30588-9

Ⅰ. G444

中国国家版本馆 CIP 数据核字第 20258A9Q97 号

ZHONGXIAOXUESHENG XINNLI WENTI JIEJUEZHIDAO

出版发行:北京师范大学出版社 https://www.bnupg.com
　　　　北京市西城区新街口外大街 12-3 号
　　　　邮政编码:100088

印　　刷:三河市兴达印务有限公司
经　　销:全国新华书店
开　　本:787 mm×1092 mm　1/16
印　　张:12.5
字　　数:180 千字
版　　次:2025 年 3 月第 1 版
印　　次:2025 年 3 月第 1 次印刷
定　　价:75.00 元

策划编辑:何　琳　　　　　　责任编辑:岳　蕾
美术编辑:李向昕　　　　　　装帧设计:李向昕
责任校对:陈　民　　　　　　责任印制:马　洁

推荐序（一）

张　侃

　　"促进学生身心健康、全面发展，是党中央关心、人民群众关切、社会关注的重大课题。"这句话揭示了当代教育工作的核心目标与社会责任。在快速发展变化的社会中，青少年心理健康问题日益凸显，成为影响其成长的突出因素。在这样的大背景下，学校心理健康工作的重要性不言而喻，它不仅关系到学生的个人发展，而且影响着家庭幸福和社会和谐。

　　基于数十年来的心理学研究和对社会的深入观察，我深切地感受到心理健康对于个体成长、社会发展的深远意义。在学校的实践环境中，心理健康工作的开展充满了复杂性和挑战性。教师作为教育的主体，他们的心理健康知识与技能储备直接影响到教育质量和学生的发展。因此，提升教师的心理健康素养不仅是促进学生健康成长的关键，而且是提高教育质量的必要途径。

　　《中小学生心理问题速查手册》《中小学生心理问题解决之道》这两本书正是为提升教师的心理健康素养迈出的坚实一步。这两本书以系统、详实的内容，为教师提供了深入理解和支持学生心理健康的有效工具。从我的专业角度来看，这两本书具有以下几个突出特点。

　　一是科学性强。这两本书基于心理学理论和研究结果，结合丰富的实践经验，为教师提供了科学的心理健康教育指导。这两本书不仅提供了心理健康的基础知识，还细致探讨了这些知识原理在教育实践中的应用，确保教师能够获得准确的理解。

二是实用性强。这两本书不仅介绍了各种心理问题的表现形式，而且提供了具体的识别方法和解决策略，有助于教师在实际工作中灵活应用。通过具体案例的分析，教师可以更加直观地理解心理问题的成因和影响，从而更加有效地进行预防和干预。

三是强调理论与实践相结合。这两本书注重理论联系实际，通过案例分析、对话举例等方式，促进教师将所学知识转化应用于实践。这种结合不仅增强了教师的学习兴趣，而且提高了知识的应用效率，使教师能够在实际工作中更好地运用心理健康知识。

四是关注教师角色定位。这两本书强调教师在心理健康教育中应扮演支持者、引导者的角色，发挥在教育情境中的管理与协调作用，而非以心理咨询的模式进行个体干预。这一观点明确了教师的职责范围，避免了角色混淆，有助于建立良好的师生关系，营造健康的教育环境。

2023年，教育部等十七部门联合印发的《全面加强和改进新时代学生心理健康工作专项行动计划（2023—2025年）》中，强调面向中小学校班主任和少先队辅导员、高校辅导员、研究生导师等开展个体心理发展、健康教育基本知识和技能全覆盖培训，以及提升教师发现并有效处置心理健康问题的能力。这一政策充分体现了国家对学生心理健康工作的重视，也为教师提供了明确的行动指南。在这样的背景下，这两本书的出版恰逢其时，为推动我国心理健康教育事业的发展发挥了积极作用。

我希望广大教师能够翻开这两本书，从中汲取有益的知识和经验，提升自身心理健康素养。这不仅能够帮助教师更好地理解和满足学生的心理健康需求，而且能够为学生的健康成长和我国的教育事业贡献自己的力量。通过不断学习和实践，教师可以成为学生心理健康的守护者，共同创造一个更加健康、和谐的教育环境。

（本序作者为发展中国家科学院院士，
曾任中国心理学会理事长、中国科学院心理研究所所长）

推荐序（二）

伍新春

作为一名长期致力于教育心理和心理健康研究的学者，我深知心理健康在教育中的重要性。近年来，随着学生心理健康问题的日益凸显，如何有效识别和应对这些问题，已然成为广大教师和学校管理者面临的一大挑战。为此，我特别推荐《中小学生心理问题速查手册》和《中小学生心理问题解决之道》，相信它们能够为广大教育工作者提供宝贵的参考和专业支持。

这两本书内容详实、专业性强，涵盖了中小学生常见的各种心理问题及其解决方案。从学习动力不足、考试焦虑到社交障碍、情绪管理等方面，这两本书都提供了系统的指导和实用的技巧，帮助教师更好地理解学生的心理健康问题，并支持和促进学生心理健康素养的提高。通读这两本书后，我发现它们具有以下特点。

1. 覆盖教育情境中常见的学生心理问题

这两本书详细描述了中小学生在学习、生活和人际交往中可能遇到的心理问题，如注意力不集中、考试焦虑、自卑感、抑郁情绪等。每个问题都配有案例分析和解决方案，并贴合教育情境，使教师能够更有针对性地进行干预。例如，在处理学生考试焦虑时，这两本书不仅介绍了焦虑的表现和原因，而且提供了具体的放松技巧和心理调适方法。

2. 强调家庭与学校的合作

这两本书特别强调了家庭与学校在心理健康教育中密切合作的重要性。家长的参与和支持是解决学生心理问题的关键因素。因此，书中提供了许多关于如何与家长沟通、如何引导家长正确理解学生心理状态的建议和方法。这些内容对于提升家庭和学校合作育人的水平，共同促进学生的健康成长具有重要意义。

3. 提供实用的干预策略

这两本书强调专业性，更注重实用性。每章都配有实际操作步骤和案例分析，使教师能够在实际教学中灵活运用。例如，在面对有自伤倾向的学生时，这两本书详细介绍了应急干预的方法和步骤，包括如何与学生建立信任关系、如何引导学生表达内心情感等。这些实用的方法能够帮助教师及时有效地应对突发情况，保障学生的安全和健康。

4. 丰富的参考资料和附录

为了方便教师查阅信息和应用知识，这两本书附有丰富的参考资料和附录。参考资料包括心理健康评估工具、常见问题的解答、相关法规政策等，为教师提供了全方位的支持。此外，本书末还附有一份"国民心理健康素养问卷"，可以帮助教师进行自我评估和提升心理健康素养水平。

总之，《中小学生心理问题速查手册》与《中小学生心理问题解决之道》的出版不仅为教师提供了丰富的心理健康知识，而且介绍了实用的干预策略。希望更多的一线教师能够从书中得到有力的支持和指导，更好地理解和应对学生的心理健康问题。

（本序作者系北京师范大学心理学部教授）

推荐序（三）

陈　虹

2019 年，我在火爆朋友圈的重大项目成果"心理健康蓝皮书"《中国国民心理健康发展报告（2017—2018）》（以下简称《发展报告》）中看到，陈祉妍教授是这一成果的主要作者之一。该成果呈现了大量关于我国各类人群心理健康状况的研究数据，为国家宏观政策制定和心理健康教育发展提供了可靠依据。

时隔五年，祉妍亲自带领团队，又为我国中小学师生呈现了《中小学生心理问题速查手册》（以下简称《速查手册》）和《中小学生心理问题解决之道》（以下简称《解决之道》）两项重要成果。《速查手册》旨在帮助教师掌握与教育教学相关的心理学基础知识与技能，尤其是中小学生心理问题的识别及常见心理疾病的识别，提高教师识别学生异常心理和行为的能力；《解决之道》旨在提高教师帮助心理异常学生的能力，使其在解决学生心理健康问题时更有方法、更有信心。

翻阅这两本书，能感觉到祉妍及其他作者的用心。这两本书不是把心理问题简单罗列，而是基于对《发展报告》大量研究数据的科学分析来确定章节、谋篇布局的。在我看来，这两本书的主要特点如下。

第一，清晰。结构层次清晰，分为学习问题、心理行为问题、应激事件及适应性问题；语言表达清晰，内容科学专业，文字简单明了，名词概念易读易懂，案例解读缜密严谨；识别流程清晰，关键点一目了然，操作步骤标准化，问题鉴别路径直观，避免了教师识别学生问题时的模糊性、歧义性和重复性。

第二，适读。这两本书选择了便于检索的问答式写作手法，优选了教师可能关心的问题，并逐一解答，为教师提供了具体的解决方案或建议，教师可以直接将解决方案或建议应用到教育教学、课堂管理、家校共育中，解决实际问题，所以，实用性极强。另外，这两本书选用了案例式的情境导入，每个问题的每个案例，都是发生在教师身边的真实情境、真实困惑、真实难点，引人入胜，仿佛身临其境；解读和分析既呈现"知识链接"的专业内容，又根据内容的难易程度夹叙夹议，循序渐进地呈现相关知识，避免内容晦涩难懂。所以，这两本书非常适合中小学教师阅读和学习。

第三，普惠。这两本书不仅面向班主任，而且面向全体教师；不仅可用于心理健康教育，而且广泛适用于学校的教育、教学、管理；不仅能为教师赋能，提高教师识别和解决学生心理问题的能力，而且能为学生助力，避免给学生带来伤害，为学生营造积极健康的成长氛围，让学生成长为心态阳光、人格健全、勇于承担责任、自尊自信的人。

最为难得的是，祉妍在开展研究工作的同时，始终保持对教育一线的关注。她非常繁忙，有繁重的研究任务，有各地的报告交流，有基层的深入调研，还有电视台的嘉宾访谈，很少有自己自由支配的时间。但对于勤奋的人来说，时间永远是挤出来的。我们之间的微信沟通通常是在深夜，她说每到夜深人静，她都会坚持1~2个小时的写作和思考，以研究者的科学精神和治学者的学术素养，不断发现问题、解决问题并提出思辨分析方法，对理论进入深入探讨和阐释，有效推动学科发展。经过日积月累，她著述颇丰，已发表上百篇中英文学术论文，同时还担任《少年》的专栏作者。

各种图书的出版，各有所长，各有局限。就学校教育的发展状况及学生问题的复杂状况看，《速查手册》和《解决之道》很难概括所有问题，也很难满足所有人的需求。所以，以遴选常见的、棘手的问题为原则，这两本书主要呈现了问题案例、概念解读、案例分析、知识梳理、鉴别标准、分级系统、识别流程。

我认为，这两本书是面向广泛读者群体的心理教育、心理辅导专业著作，是作者基于对中小学一线的深入研究、长期观察写成的。这两本书既有理论知识，又有案例分析；虽有专业术语，但却通俗易懂；既适合学校管理者使用，又适合广大教师使用，更适合逐级、分层的教师培训，尤其是中小学心理专兼职教师的必备秘籍。我认为，这两本书将会受到中小学校的一致好评和普遍欢迎。

我愿意向大家推荐这两本书，相信大家一定会开卷有益，我也希望出版更多类似的深入浅出的心理健康教育著作，更好地解决我国中小学中存在的现实问题，为我国基础教育的发展、为中华民族的伟大复兴作出贡献。

（本序作者系中国教育发展战略学会心理教育专业委员会秘书长）

序

一、缘起

近年来，青少年心理健康问题多发，引起了全社会的关注。但很多人可能不知道，教师心理健康问题呈现出的增加趋势与青少年群体很相似。要维护和促进青少年的心理健康，仅仅帮助青少年本身是不够的，我们需要为青少年提供更能理解、支持、引导他们的家庭环境、学校环境和社会环境。

在青少年的成长过程中，学校是一个对他们影响至深的环境。很多人可能听到过一些非常感人的教育案例：一个迷茫、自卑、存在诸多行为问题的学生，遇到了一名努力去理解他、关怀他、引导他的教师，避免走上人生的弯路，而且激发出自己的潜能。我们相信，父母总是希望自己的孩子能碰到这样的好教师，孩子总是能识别和敬慕这样的好教师；而教师特别是刚刚步入职场的新手教师，常常向往着创造如此点石成金的奇迹。

然而，我们也可能听说过灰暗的故事：充满热情地投入教育工作的新手教师，发现有些学生并非自己所想的那样乖巧温顺，发现教育效果并非自己所想的那样顺利达成，一次又一次地被现实打败，甚至怀疑自己根本不适合当一名教师。教师群体中的这种普遍与严重的职业倦怠令人深深忧虑。

我的职业梦想曾经是做一名语文教师。25年前，我从北京师范大学心理学系毕业的时候，曾到一所中学求职，如果当年没有顺利地考上北京大学临床心理专业的研究生，我可能会走上教师的岗位。多年以来，教育始终能在我心中引发复杂而强烈的感情。而且我知道这不是我一个人的感觉，很多人，不管是从事教育工作还是没有从事教育工作，都对教育饱含着深刻的情感。或许，这种情感与我们人类对下一代的爱及对未来美好生活的期待紧密相连。

后来我没有成为中学教师，而是开始学习心理咨询与治疗。在这个过程中，我身边的很多同学成为心理教师。我越来越意识到，各科教师包括心理教师在内，在入职之前都缺乏机会学习并掌握足够的心理健康知识与技能，特别是常见心理疾病的识别、学生常见心理问题的预防与干预。我们痛心地看到，有些情况下，在心理咨询专业人员眼中非常明显的异常信号并未得到教师的重视，从而可能被忽视，甚至造成问题激化。在日常生活中，我也常常听到教师对学生说出无效、不妥甚至伤害性的话语。

我当然知道，学生健康的情绪状态和良好的行为习惯并非完全取决于教师。可教师是促进青少年成长的一支十分重要的专业队伍，有责任学习并懂得更多心理健康知识。然而，实际情况并非如此。我们在 2018 年开展了首次覆盖全国的心理健康素养调查，不仅关注国民心理健康素养的基线水平，而且特别关注了四类对国民心理健康素养具有影响的枢纽职业人群。这四类职业人群是心理健康工作者、教育工作者、医疗卫生工作者和媒体工作者。遗憾的是，除了心理健康工作者在心理健康素养上得分高于其他职业（也本应如此），无论是教育、医疗还是媒体领域的工作者，心理健康素养都并不高于其他职业群体。

在实际生活中，由于青少年群体中存在轻度心理或行为问题的比例约为 20%，各类精神疾病的患病率叠加起来约为 17%，中小学教师会不可避免地遇到存在心理疾病的学生，并需要有效地应对。而且，教师还需要与各种各样的家长打交道，可能在处理学生心理问题时会感到情况复杂与棘手。因此，如果教师不具备识别和应对心理健康问题的能力就走上岗位，就像让未经训练、未配备枪弹的战士上前线一样风险重重。这样的风险带来的结果不仅是自己受伤，还可能危及存在心理问题的学生，甚至波及健康的学生群体。因此，在2018年调查之后，我们开始持续深入地开展教师心理健康素养的研究。基于对教师的访谈和调研，我们提取了在教育情境中常见的困难，这些困难大多数与心理健康问题有关。我们希望为有效识别和解决这些困难提供一些帮助，这也就是《中小学生心理问题速查手册》（以下简称《速查手册》）和《中小学生心理问题解决之道》（以下简称《解决之道》）的缘起。

二、撰写团队与工作基础

这两本书的撰写团队主要为中国科学院心理研究所国民心理健康评估发展中心科研团队，团队十余年来的研究为这两本书的出版奠定了工作基础。作为"心理健康蓝皮书"《中国国民心理健康发展报告》的研究团队，历年来我们对我国各类人群心理健康状况积累了大量研究数据，我们始终关注着我国中小学师生心理健康状况及其影响因素。我们对全国青少年的心理健康调查始于2007年年底，这是由中国科学院心理研究所自主部署的首次全国国民心理健康状况调查，该调查覆盖了全国29个省、自治区、直辖市的10岁及以上群体。我们对全国教师职业群体的针对性调查则始于2009年的全国科技工作者调查，对教师心理健康素养的研究是在全国普通人群心理健康素养研究上的细化。基于全国心理健康素养的调查研究，我们团队于2018年首次发布报告。此后，在国家卫生健康委的委托下，我们团队研制了心理健康核心知识（心理健康素养十条）、全国居民心理健康素养监测指标等内容。在这些工作的基础上，我们进一步聚焦教师心理健康素养，对全国不同地区和类型的中小学教师特别是与心理健康工作相关的教师进行访谈研究。我们也多次对教师和其他群体的心理健康素养水平进行对比研究，在首部"心理健康蓝皮书"《中国国民心理健康发展报告（2017—2018）》中关注了包括教育工作者在内的4类枢纽职业人群，发现教育工作者心理健康素养水平与普通职业群体持平。在《中国国民心理健康发展报告(2021—2022)》中报告了教师识别心理障碍的能力,其中教师对于抑郁症的识别率不足30%。这些研究工作让我们意识到当前迫切需要提高教师心理健康素养,以贴近教师视角的方式提供相应的书籍与培训,促进教师增强有效识别和应对学生心理问题的能力。2023年4月,教育部等17部门联合印发了《全面加强和改进新时代学生心理健康工作专项行动计划(2023—2025年)》,明确提出"推进教师心理健康教育学习资源开发和培训,提升教师发现并有效处置心理健康问题的能力"。我们希望通过撰写这两本书,为教师心理健康工作的开展稍尽绵薄。

三、适合的读者与期望的目标

这两本书适合的读者包括以下几类。

第一,这两本书在撰写过程中默认的目标读者为中小学班主任。从教师数量占比和与学生互动的密集程度来说,班主任对学生的心理健康影响远大于心理健康教育教师。因此,这两本书尽可能贴近班主任教师教学管理的工作视角,而非心理健康教育教师的工作视角。我们也期待未来能够围绕本丛书进行系统化的班主任心理健康素养提升培训和督导。

第二,这两本书也适合中小学各科教师阅读。书里有许多关于心理疾病的知识及针对不同心理特征学生进行班级管理的内容,相信对各科教师都会大有裨益。

第三,这两本书也适合心理健康教育教师阅读。心理健康教育教师向班主任及其他教师提供支持,包括知识的普及、策略的建议等,这两本书的理念和具体内容都会对心理健康教育教师有所帮助。

第四,这两本书也适合与学校心理健康工作相关的教育管理干部、心理健康教育教师培训者等参考使用。

第五,对于有志于从事教师工作的师范类学生及各类人员,我们都会推荐阅读这两本书,以便为工作中可能遇到的各类学生心理问题积累专业储备。

希望这两本书能够为教师提供帮助，并达到以下目标。

第一，我们希望提供教师在工作中必备的心理健康知识，提高教师心理健康素养，借此不仅让教师的工作更有效果，而且让教师在工作中更加从容。就像学生如果没有掌握好考试内容，上了考场就容易焦虑一样，教师如果对心理问题的识别与应对缺乏知识与技能的储备，面对心理问题的多样表现就容易倍感压力。心理疾病的识别与防治是心理健康素养中的核心知识。《速查手册》侧重于对学生各类心理疾病的识别，描述心理疾病在日常生活中的症状表现。我们希望这本书能够提高教师在工作中主动识别心理异常的能力与意识。《解决之道》则侧重于教师如何应对患有心理疾病的学生的各类问题，协助学生心理疾病的防治。我们希望这本书能够提高教师帮助心理异常学生的能力，并在这种情况下做好班级管理、家校共育。希望这两本书能够为教师赋能，让教师进入更有方法、更有信心的工作状态。

第二，我们希望让教师的工作边界更加清晰，并明确教师在分工合作中的角色。心理疾病的治疗需要精神卫生与心理健康领域的专业人员，教师在其中具有重要的衔接、配合、辅助的作用。对于帮助心理异常的学生，教师责任重大，但并不等于需要承担无限责任。如果教师自己或其他人希望教师以一己之力在日常教学之中或之余治好患有心理疾病的学生，这种看似美好的愿望不但是对教师的能力与责任边界认知不清，而且可能导致消极的结果。可想而知，无论是教师还是我们任何一个人，如果试图处理自己能力之外的事情，必定是乱拳齐出，而效果往往不尽如人意。在这种情况下，轻者学生的问题迁延不愈，教师则因为自己的反复尝试都以挫败告终而怀疑自己，甚至产生职业倦怠或出现心理问题；重者不当的处理会激化问题与矛盾，甚至可能出现严重伤害。因此教师需要意识到：当学生患有心理疾病时，教师应为学生营造更好的班级、学校环境，促进学生在学校的适应；同等重要的是鼓励和支持学生求治，让精神卫生工作者去做诊断与治疗，让心理健康工作者去做咨询与辅导，教师在其中做好衔接配合的工作。要明确这些工作界限，教师要能够识别出什么是心理疾病（即《速查手册》中的内容），同时要了解：当学生患有心理疾病时，如何做好对学生的支持；当面向班级的管理时，与学生父母、其他任课教师、精神卫生和心理健康工作者如何协调配合（即《解决之道》中的内容）。在《速查手册》中，我们还建立了一种分级系统，希望帮助教师明确哪些问题是能在自己能力和职责范围之内处理的，从而降低不切实际的预期，减少挫败、自责的情绪。

第三，我们希望拓展教师的思维模式，增强其对纷繁复杂的现实问题的认识能力。心理世界虽然复杂，但也有规律可循，其中一个重要的规律就是：同样的内心需求、情感、冲突可能表现为不同的外在行为，反过来，同样的行为背后可能出于非常不同的个人特征、内在动机。原因与结果之间并非一对一的关系，而是多对多的关系。心理世界如万花筒一般变幻无穷，这也正是它的魅力所在。因此，要理解学生的各种表面问题、分析各种可能的潜在原因，需要教师学习并熟练运用一种思维模式，即面对一种表象能提出多个假设，然后基于各个假设有意识地采集信息，进而研判信息，逐步贴近最可能的假设，尝试根据这一假设导出解决方案，再根据解决方案的实施效果进一步修正假设。这是心理咨询师评估和帮助求助者的思维模式，也是理解每一个丰富、生动、复杂的人所需的思维模式。这种思维模式是动态的，它让人不断根据新增的信息调整认识；这种思维模式是开放的，拥有它的人不会自以为是或仅仅搜集支持自己猜想的资料；这种思维模式是提倡耐心的，它鼓励人容忍不确定性，容忍自己对面前的问题没有清晰唯一的答案；这种思维模式是内省的，它使人愿意不断自我反省、自我更正，追求的不是维护自己的自尊，而是逐渐接近心灵的真相。在《速查手册》中，我们为各章提供了流程图，希望突出这种思维模式。

第四，我们希望成为教师在遇到实际问题时的助手，同时也致力于加强教师理论联系实际的能力。为什么听说了很多道理，却依然过不好这一生？因为道理没有实践，就是与已无关的别人的道理。教师提高心理健康素养，需要学习与教育教学工作相关的心理学基础知识。但如果仅有理论学习，教师在面对现实时依然会无从下手。真正有效的教与学，都应密切结合现实生活中的演练。在这两本书中，我们力图把心理学的知识与教育教学的实际情境结合起来，从而贴近教师的视角。例如，在《速查手册》中，教师通常先看到的是问题的表现，因此我们每一章都从这里开头，而随着心理健康知识技能的加入，各种现实生活中的表象会被纳入不同的专业框架之中分析。我们试图示范一种理论与实际密切结合的方式，出于这样的原因，在《速查手册》中，我们不是简单地提供一份心理疾病的诊断手册。这种手册白纸黑字、清清楚楚，但如果没有经过长时间的专业训练，就无法真正理解和应用。我们努力把各种心理疾病的特征用贴近普通人视角的方式描述出来，希望在专业知识与现实情境之间搭起易行的桥梁。当然，纸上得来终觉浅。阅读可以打开知识的大门，但准确理解乃至有效应用还需更多交流互动。我们希望以此为参考教材，为更多的教师提供培训，也希望更多的培训参考这两本书，为教师应对心理健康问题赋能。

在力图达成这些目标的同时，我们也深知这两本书仍有局限。中小学生心理问题的种类繁多，这两本书不可能全面覆盖，仅选择了一些具有代表性的问题。我们希望提高教师对学生心理疾病的识别能力，但并不等于鼓励教师去诊断和治疗心理疾病。任何一种心理疾病的患者的行为表现都是复杂多样的，仅凭几段文字不可能一一描述清楚。因此教师在实际工作中切不可随意就下断语，也不可随意给学生"贴标签"，专业诊断应该交给医生完成。我们希望贴近教师的视角和语言，但也恐未能尽如人意，欢迎各位读者多多反馈意见和建议，让我们可以做得更好。

四、致谢

《速查手册》和《解决之道》得以成形，背后有大量的工作人员和许多相关人员的支持，借此机会表达我们的感谢。

感谢 2018 年参加心理健康素养调查的 2434 位教育工作者。

感谢 2019 年参加教师心理健康素养访谈的陈振鹏、张中华、王剑锋、苏虹、王福福、脱国梅、苏岚颖、申海英、邓洁、陈莹、叶湘红、徐逸凡、陈汉文、占中秋、沈颖、谢小芳、杨红芸、郑菊、李延、陈志琴、张慧荣、邱金有、王红波、王苗红、杨璇、吴琼、张巍、张晓凌、何筱荷、姜桂芳、吕美娟、罗颖、丁晓芸、赵斌等中小学老师。

感谢 2019 年参加中小学教师心理健康素养研讨的侯金芹、张郁茜、李延、沈颖、宋秋菊、苏虹、张慧荣、李凤娇老师。

感谢 2020—2021 年参与书稿讨论并提供了许多有益的建议的侯金芹、张郁茜老师。

感谢 2021—2022 年审读书稿并帮助我们进一步完善的刘亚超老师。

目　录

第一部分

学习问题

1. 学生缺乏学习动机

因为父母的工作变动，小宋同学跟随父母来到了新的城市，转入了新的学校。这所学校的教学进度比小宋原来的学校提前了很多，小宋因为没学过，所以很多作业不会做，小考成绩不及格。父母工作很忙，一开始并没有关注小宋的学习，但是班主任和任课老师找了家长好几次，于是父母也着急起来。小宋妈妈开始陪同小宋做作业，但是小宋的学习情况并没有很快改善，妈妈越来越着急。小宋变得越来越抵触学习，觉得自己就是比别人笨，怎么努力都没用。

一、在日常教学中促进学习动机

教师对调动班级整体的学习动机负有责任，同时也能够通过日常互动影响单个学生的学习动机。在课堂教学、布置作业、班级管理等方面，教师可通过以下方式促进学生的学习动机。

（一）促进成就动机

高成就动机者的核心特点是：(1)偏好中等难度的任务；(2)注重得到并利用反馈。在日常教学中培养学生的成就动机，也可以从这两方面入手。

1. 提供中等难度的任务

中等难度的任务，指的是有难度但又可完成的任务。在课堂提问、课上练习、课后作业的设计上，教师应为学生提供中等难度的学习任务。这是因为激活成就动机的重要因素是任务难度，当学习任务过于简单时，学生感到缺乏挑战性，在过程中缺乏乐趣，成功后也缺乏成就感。当学习任务过于困难时，学生感到成功希望渺茫，无从下手，甚至挫败感严重，乃至怀疑自己的能力。当任务难度适中时，学生面临着适度的挑战，出色完成任务需要全力以赴，因而完成任务后能获得强烈的成就感。无论是任务过程中的投入感，还是完成后的成就感，都有助于学生未来继续努力。具体来说，安排中等难度的任务可以采取以下这些方法。

（1）逐步提高要求。例如，要求短跑的速度越来越快，阅读理解的复杂度越来越高，等等。实际上，教材与课程的设计原则都是循序渐进、从易到难。但需要注意的是，在具体的班级、具体的学生那里，可能感觉到的难度与课程的设计并不完全相符。这是因为每个学生都可能拥有不同的经验、优势和不足。因此，教师需要及时观察，关注学生掌握知识和技能的速度，根据具体情况做出调整。

（2）分解复杂的任务。帮助学生将复杂的任务分解成更小的步骤，让看似难以着手的任务变得易于管理。这实际上是让学生学会如何把难度过高的任务分解为难度适中的任务。

（3）为克服困难提供支持。当学生"卡住"、多次失败的时候，及时给予支持，帮助学生克服困难。这些支持好比"脚手架"或"梯子"，把过难的任务转化为中等难度任务。具体的支持方式包括提供额外的信息、示范类似的任务、引导学生转换视角，等等。

（4）培养积极求助的能力。鼓励学生在遇到困难时积极努力，而积极努力的方式除了依靠自己冥思苦想，还包括向合适的人求助。求助也是一种能力。学生通过获得帮助，使任务难度下降到自己可以完成的程度。学生在帮助下取得成功，不仅感受好于持续失败、放弃，而且会在这个过程中学到更多。

2. 提供及时的反馈

高成就动机的人喜欢得到及时的反馈：自己的任务做得对不对、好不好、哪里好、哪里有问题，等等。及时的反馈似乎有一种强化作用，如手机游戏或电脑游戏就经常大量提供及时的反馈，为每一个小小的步骤提供成就感或挫败感，这也是游戏引人沉迷的重要原因。教师在提供反馈时应注意以下几点。

（1）即时。在任务完成后立即给予反馈。教师可以当场宣布正确答案供学生核对，也可以让学生组成小组共同判卷，或者借助电脑，在学生交卷后立即自动判卷。反馈越及时，越有助于调动成就动机。

（2）具体。给出针对具体题目的反馈，而不是一套练习的总分。对于步骤复杂的题目，尽可能给出每一步的反馈。

（3）辅导。不要笼统地说"你真棒""太好了"，而要言之有物，有针对性地指出学生做得好的地方，如"你的辅助线添得好，对解题很有帮助"。

（4）积极。指出学生做得好的方面，给予真诚的（而不是夸大的）称赞。看到学生的进步，如"你看到自己的进步了吗？你掌握了更多词汇，阅读理解时困难变少了"；肯定学生的努力，如"加油，你每天都在努力背单词，一定会有收获"。

（5）举例。在需要改进的地方提供指导，并给出具体的范例，让学生更加了解该向什么目标看齐，如提供优秀作业、范文等。这有助于让学生获得大量细节，更清楚自己可以如何改进。

（二）培养成长型思维

成长型思维认为，人的能力可以通过经验而增长。与它相对的是僵化型思维，认为人的能力是固定不变的。这两种思维对失败的态度有很大差别。僵化型思维认为失败完全是坏事，失败证明自己的能力不足，所以为了不丢面子一定要竭力避免失败。但成长型思维则认为，失败不过是在成长过程中自然发生的事情，每一次失败都会带给我们有意义的反馈，根据这些反馈去学习，我们的能力就会不断提升。与成功相比，失败提供给我们的信息更多。成长型思维不仅体现在学习上，还体现在生活的方方面面。拥有成长型思维的人在各个领域都更可能成功。思维模式并非天生的或不可变的，无论什么年龄，从僵化型思维转变为成长型思维都是可能的。因为科学研究发现，我们的大脑具有进化和扩展的能力，这种特征被称为神经可塑性。

1. 不仅要言传，更要身教

本应先讲言传，再讲身教，但是身教常常被忽视，因此特别需要强调。我们希望教师所教授的内容是教师自己懂得并认可的，而不是把自己既不相信也不会用的方法教给学生。教师自身要具有成长性思维，这会时时刻刻从教师与学生的互动中展现出来。当教师内心深处认为一个学生无可救药时，表面上再怎样努力掩藏、刻意鼓励，学生似乎还是会透过表象看到教师已经对他不抱希望。而在那些点石成金的感人教育案例中，教育者从不仅仅是表面上对学生关心鼓励，而是内心深处就坚定地相信，每个学生身上都蕴藏着强大的向上的潜能，在合适的情况下会如花朵般绽放。

因此，建议教师使用下面一组问题来反思自己的立场：

- 在你看来，人的能力是可以改变的吗？
- 为什么有的学生比别的学生更聪明？
- 如果一个学生非常努力而取得了好成绩，你会认为这个学生不太聪明吗？
- 小时候，你更喜欢选择容易的任务还是困难的任务？
- 对你来说，通过做事获得经验与获得成功，哪个更重要？
- 工作中遇到困难时，你相信只要坚持一切都会好起来吗？

成长型思维的提出者卡罗尔·德韦克（Carol S. Dweck）编制过一个只有三道题的简短问卷，主要适用于学生，但成年人也可以使用。

- 你的智力是固定的，做什么都改变不了多少。
- 你的智力就是你无法改变的特征。
- 你可以学习新东西，但你不能真正改变你的智力水平。

对这三句话，你越赞同就越倾向于僵化型思维，越反对就越倾向于成长型思维。

此外，推荐教师阅读卡罗尔·德韦克的书籍，其中《看见成长的自己》《努力的意义：积极的自我理论》《终身成长：重新定义成功的思维模式》等已经被译为中文。

2. 学会使用成长型思维的语言

成长型思维主要表现为言语的形式，包括内部言语与外部言语。教师对自己说的话（内部言语）决定自己如何理解和应对各种问题，影响教师自己的情绪和压力水平；教师对学生说的话（外部言语）影响学生如何理解和应对各种问题，是把自己的成长型思维或僵化型思维传递给学生。学生对自己说的话（内部言语）决定学生如何面对困难和挫折，影响学生的学业发展和心理健康；而学生的外部言语则是了解学生思维特点的窗口。

面对有难度的任务，僵化型思维的典型言语是"我做不到"；而成长型思维者把困难看成挑战，典型言语是"我来试试"。面对各种具体情境，两种思维表现出截然不同的反应：

- 被老师批评

僵化型思维："老师太苛刻了，他是不是讨厌我？"

成长型思维："老师指出了我的问题，我会努力的。"

- 被一道难题卡住

僵化型思维："太难了，我真的没有数学天分。"

成长型思维："这种思路不太对，再想想别的办法。"

- 学习一种新的乐器

僵化型思维："太难了，我哪有别人那样灵活的手指。"

成长型思维："如果我经常练习，我可能会学会演奏曲子，那一定很有趣。"

- 有机会参加竞赛

僵化型思维："我从来没参加过，压力好大，我不要参加。"

成长型思维："我从来没参加过，想去试试，不管是否获胜，一定都会有收获。"

- 和好朋友发生了冲突

僵化型思维："我们总是吵架，也许我们就不合适做朋友。"

成长型思维："我们好好谈谈，一定能解决问题。"

教师要觉察自己的内部言语和外部言语，减少僵化型思维的言语，有意识地多使用成长型思维的言语。同时，通过课程、活动、练习等方式让学生掌握成长型思维的句型。

3. 用恰当的方式表扬学生

成长型思维的经典研究就是关于表扬的。与人们通常的认识相反，表扬学生聪明并不会让他们更加自信，反而会让他们更害怕失败，回避有挑战性的任务，遇到困难更容易气馁。这种表扬具有伤害性。教师要学会有益的赞美，强化学生的成长型思维，促进学生的自信和成长。

（1）表扬努力和坚持。不要表扬能力而要表扬努力，让学生把成功归因于自己的努力、坚持和恰当的方法，这样他们可以更好地利用成功的经验。例如："你很用心，所以作业完成得这么出色！""你在困难的时候没有放弃，我为你感到骄傲！""遇到困难你没有气馁，而是坚持到底，所以你成功地解出了这道题！"

（2）表扬具体的行为。不要笼统地表扬（例如："真棒！"），而要表扬学生为克服困难所采取的具体行动，要准确地告诉他们为什么做得好，以及他们需要在哪些方面改进。例如："我看到你把问题拆成一个个小问题，然后一步一步地解决，这个办法真好！"

（3）表扬从失败中学习的做法。鼓励学生把错误看作学习过程中自然的一部分，把失败看作成长的机会。表扬学生从错误中学习和调整方法的能力。例如："你从这次经历中学到了很多。我很欣赏你认真分析复盘，从错误中吸取教训。"

（4）表扬小小的进步。关注学生在学习过程中取得的进步，特别是小小的进步，因为大大的进步已经很明显，不需要特意指出来，而小小的进步常常被忽视。那么大大的进步呢？我们可以和学生一起庆祝。

（5）表扬尝试的勇气。鼓励学生走出舒适圈，不要只选择做自己有把握的任务，而要敢于尝试更有挑战性的任务。例如："我为你接受这个挑战感到骄傲，这是勇敢的选择！"

（6）表扬创新的想法。尊重学生的个性和思维差异，鼓励学生跳出固有的思维模式，表扬独特想法和创新探索。例如："你的想法很活跃，这个方案很有创造性。"

无论是学生，还是我们自己，都在成长的路上。改变永远不会太晚。

二、对症下药提高学习动机

（一）学生学习动机不足的常见机制

1. 害怕困难与失败

面对学习，逃避、怠惰的典型原因是害怕困难与失败。从本质上说，害怕困难的背后是害怕失败，因为困难常常带来更大的失败可能性。理解这种机制要从成就动机入手。成就动机是一种想把事情做到更好的追求，是学习动机的核心。心理学家阿特金森（John William Atkinson）把成就动机分成希望成功的动机和害怕失败的动机。希望成功的动机指的是，因为觉得自己可能成功，为了追求成功而努力；害怕失败的动机指的是，做事时担心失败，为了减少失败的可能性而努力。这两种动机的影响不一样。希望成功的动机会促使人失败了之后继续努力，因为想要获得成功只能继续前行。但想要逃避失败却不止一条路，既可以努力追求成功，也可以什么都不做，因此，害怕失败的动机导致的努力是不稳定的。在遇到困难的时候，希望成功的动机会让人愿意迎接挑战，而害怕失败的动机会让人想要逃避困难。

每个学生的成就动机都是这两种动机亚型不同强度的组合。以害怕失败的动机为主的学生担心失败会让自己丢脸，所以面对困难不愿全力以赴，以便给自己的失败留出借口（"不是因为我笨，而是因为我不在乎"）。他们常常会采取学业自我挫败行为，如故意让自己考前无法复习或者不好好休息，以便提前为失败准备好借口。为了保护表面上的自尊，他们常常选择逃避。

2. 外在干扰过多

适合学习的最佳情绪状态是平静而好奇。过于强烈的积极情绪和消极情绪都会干扰学习，让学生无法沉浸在注意、思维、记忆的过程中。然而，校内校外都会出现扰动学生情绪和干扰学习动机的情况，如亲子冲突、父母婚姻问题、遭受校园欺凌、目睹创伤场景等。

但还有一类常见而又容易被忽视的情况——过多的外在奖赏。有些父母会使用美食、金钱、游戏、屏幕时间等作为奖赏来要求孩子努力学习，而获得奖赏的标准常常是学习成绩。过度依赖外在奖赏会削弱学生的内在动机，使学生失去对学习本身的兴趣，只关注外在激励。这会鼓励肤浅的学习，导致学生只关注成绩，并更容易感到焦虑。过多使用奖赏也是一种过度控制，学生会感到学习是为了让父母满意，而不是自己的意愿。

3. 怀疑学习的价值

学生即使成就动机没有问题，也可能出现缺乏学习动力的情况。这是因为成就动机并不一定要在学业中满足。成就动机是在一个人认为重要的领域努力做到更好的倾向。如果一个人认为学习不重要，那么他就会在他认为的其他重要领域努力，如游戏、体育竞赛、手工、烹饪等。怀疑学习价值的学生认为"学习没有用"，可能是受到负面观点的影响，同时也没有切身体会到所学内容的用处。

（二）帮助逃避困难的学生

针对逃避困难的学生，既要提供更多的成功体验，也要让他们在支持下逐渐面对失败。畏难的学生在认知和行为层面都存在问题：在认知层面存在认知偏差，更容易关注自己的失败，不能将成功归因于自己，往往容易高估任务的难度；在行为层面往往逃避中等难度的任务，遇到困难不能坚持努力，因而也减少了自己获得成功的机会。可通过下列方式帮助这些学生。

（1）鼓励学生选择中等难度的任务，并给予支持。根据学生的情况选择对他来说既不太容易也不太困难的任务。中等难度的任务需要学生付出较大的努力，与此同时一旦成功也会感觉到强烈的成就感。这种成就感会对学生的信心产生强烈的积极影响。但在从事中等难度的任务的过程中，畏难的学生容易中途放弃，因此教师需要经常陪伴和鼓励。

（2）让学生学会把任务分解。将复杂的任务拆分成更小的步骤，将长远的较大的目标拆分成短期可实现的小目标。引导学生学会在完成每一个小步骤、达成每一个短期目标的时候，能够看到自己的进步和成功。

（3）提供支持性的环境。创造一个鼓励探索、合作和冒险的课堂环境，鼓励学生分享自己的想法，提出问题，从错误中学习，不要害怕被评判。教师要力图看到不同想法的闪光点，而不是简单地评判对错。

（4）肯定失败的价值。当学生勇于尝试时，即使失败也要肯定学生的勇气和努力。支持学生的成长型思维，引导学生从失败中学习，有效利用失败中蕴含的具体信息，避免将失败归因于个人能力。

（5）提高学生情绪管理的技能。畏难的学生在学习中常常会产生紧张、焦虑等情绪反应，甚至出现躯体化表现。随着烦躁不安程度的加重，学生开始回避、放弃学习。因此，学生需要提高对自身情绪的觉察，出现情绪波动时及早调控。可以请心理教师带领学生练习掌握呼吸放松、积极引导想象、正念等方法。

（三）帮助心不在焉的学生

心不在焉的学生可以分为两类。一类是暂时的，由于某些事件的干扰而对学习心不在焉，此时要从源头上解决问题，而不是针对学习本身。例如，保护学生免受校园欺凌的侵扰，为家庭出现问题的学生提供心理辅导。另一类则是持续的，学生的关注点始终不在学习上。如果说畏难的学生具有成就动机，但是成就动机类型偏于负面，以害怕失败的动机为主，那么心不在焉的学生则是成就动机较弱。具有其他动机的学生往往有着较强的人际需求，有的学生希望得到他人的喜爱或认可，有的学生需要在人际关系中获得更多的安全感，他们往往难以独自坚持学习。针对这种情况，可以让心不在焉的学生将他的人际需求与学习过程结合起来，从而增强学习动力。

（1）与学生建立更密切的联系。不仅在学习方面关注和激励学生，而且对学生的个人特点、生活爱好等方面表现出真正的兴趣。在与学生谈话时，多使用非指导性倾听技术，表达对学生的关注和理解。

（2）鼓励学生合作学习。为学生在课上课下创造更多合作的机会。合作可以增强归属感，培养积极的同学关系，并增强学习动力。在座位安排、家庭作业、评价考核等方面鼓励学生以小组或结对的形式合作，集体解决问题。

（3）适度给予鼓励和认可。表扬学生的努力和成就，即使是很小的成就，无论是学习还是其他方面。可以采取多种形式，如口头表扬，颁发奖状、小奖品，或者给予特殊待遇，等等。

（四）帮助怀疑学习价值的学生

如果学生认为学习没有用，教师该怎样引导和帮助学生呢？教师应了解学生的情况，针对不同学生采取个性化的引导和帮助，使每个学生都能在学习中找到自己的价值和意义。

（1）与学生的未来目标相结合。了解学生的梦想，帮助学生设定短期和长期的学习目标，让他们看到努力学习与未来成功之间的联系。强调学习过程的重要性，让学生认识到学习不是仅仅为了应付考试，而是为了提升自己的能力和素质。

（2）与学生的当前兴趣相结合。了解学生的兴趣和爱好，并尝试将这些兴趣与课堂教学、课后作业结合起来。

（3）与生活实践相结合。在教学中结合真实世界的例子，设计具有实际应用价值的课程内容和教学活动，向学生展示所学内容如何应用于课堂之外。

（4）鼓励学生自主探究。为学生提供选择的机会，允许学生选择他们感兴趣的主题与活动，让他们掌握学习的主动权。鼓励学生提出自己感兴趣的问题，并支持学生去解决问题。

（5）与家长保持沟通。与家长保持良好的沟通，共同帮助学生建立积极的学习态度。

总的来说，调动和提高学生的学习动机并非易事。这实际上要求教师具备多种知识和技能。从心理学相关的知识来说，为了提高学生的成就体验，教师不仅需要对学业动机的相关概念有深入理解，而且要对与学习相关的认知心理学知识有一定的了解。与此同时，促使学生产生跨学科的联系，将所学内容应用于生活，则需要教师具有广博的知识面、丰富的生活经验和一定的创造力。以丰富多样的技术方式让课堂产生新鲜感，充分调动学生的多感觉通道，需要教师对新技术有所涉猎。以生动活泼的形式进行教学，教师不仅要有良好的组织语言的能力，还要能控制自己的语音语调，甚至要有一定的表演能力。与此同时，教师工作的一部分魅力也正在于教学相长，学无止境。

三、将支持延伸到家庭

（一）日常家庭支持：家长如何陪伴孩子写作业

家庭作业是学校学习向家庭生活的延伸，也是家校共育最直接的界面。家庭不能处理好学生的家庭作业问题，不仅会影响学生的学习状态，而且常常破坏亲子关系，甚至会引发更严重的学生心理健康问题。在较低学段，家长陪孩子写作业十分常见，教师可以在这方面给予支持和指导。

学生在写作业的过程中常常会遇到困难，此时家长应给予恰当的支持，家长不应简单地对孩子的作业状况进行奖励或惩罚，而应根据孩子困难的不同，提供相应的帮助。家长给予孩子的支持可分成两大类型，即情感支持和工具支持。情感支持促使孩子更有信心去克服困难，工具支持则是家长直接参与解决问题的过程中。

家长向孩子提供支持，建议遵循如下顺序，由宽泛到具体。

（1）非言语的情感支持。以动作、表情的方式表达支持，如抱一抱、摸摸头、拍拍肩等。身体接触是一种爱的语言。让孩子感受到爱与温暖，有利于缓解他们遇到困难时沮丧焦灼的情绪。

（2）言语的情感支持。用言语疏导孩子的情绪，表达对孩子的鼓励和关怀。例如："刚开始因为不熟悉所以会出错，大家都是这样的，熟悉了就好了。"

（3）提供更多解决问题的方法。当孩子被一道题卡住时，可以和孩子讨论用哪些方式来解决困难，如向老师或同学求助，或者把复杂问题分解后逐个解决。这种方法适用于所有学科。

（4）提供学习技能与方法。例如，如何读题，在读题中学会分析题目的逻辑，找出关键词；如何分析选项，比较不同选项的侧重点等。学习技能与方法往往和具体学科相结合，但并不针对具体题目。

（5）提供解题思路。这种帮助针对具体题目，引导孩子思考的方向，但并非直接给出答案。

（6）提供答案和讲解。给出具体题目的答案并逐步讲解，在合适的条件下要给孩子提供类似的题目，让孩子自己练习掌握。

家长陪伴孩子写作业的原则是：在孩子遇到困难时提供支持，先情感支持，后工具支持。实际上，这就是家长提供梯子，将困难任务变成中等难度。家长不应过早提供针对具体题目的帮助，否则可能剥夺孩子自己探索并获得成就感的机会。与此同时，家长需要注意自身的情绪调控。教师要引导家长学会庆祝孩子的成功和进步，而不只是看到不足。在培养学生具备成长型思维的同时，也要强化家长的成长型思维。

（二）危机家庭支持：如何避免家庭问题干扰学习

学生学习需要安定的环境。当家庭环境出现问题时，如父母失业、家庭经济困难，父母婚姻关系冲突、分居、离婚，重要家人患病或发生事故等，家庭氛围会变得消极，正常的秩序被打乱，学生常常会因此而出现学习状态的异常。教师此时会观察到学生的学习行为和动机出现问题。在这种情况下，教师需要及时给予支持，既要指导家长，又要帮助学生，从而避免家庭功能的中断对学生造成长远的不利影响。教师可以通过下列方式提供支持。

（1）为学生提供一个稳定的学习环境。教师可以与家长共同讨论如何在这种情况下灵活调整，为学生提供一个安定不受打扰的学习环境。例如，如果学校允许，学生可以增加在学校的自习时间；如果周围社区有合适的图书馆等自习环境，可以安排学生更多使用；如果学生在家里学习，家庭成员可以通过怎样的方式减少对学生的干扰。

（2）为家长和学生提供资源。家长和学生在此阶段都可能会出现情绪困扰，教师可以向家长和学生介绍校内外的心理咨询与辅导资源，鼓励家长和学生及时使用这些资源，更好地调节情绪；与学校心理教师、社会工作者或其他可能参与支持学生的专业人员密切合作，共同保护和促进学生平稳度过困难时期。

（3）适度调整对学生学习的要求。当家庭中出现一些干扰的时候，学生很难像往常一样保持学习任务的质与量。教师此时可适度调整，并提供额外的支持，如延长提交学习任务的期限，或者在必要的情况下提供一些帮助和辅导。教师与家长保持沟通，让家长理解学生此时可能会发生的一些变化，不是为了让家长督促学生，而是让家长给予更多支持和体谅。

（4）为学生搭建同伴支持。营造班级互帮互助、团结友爱的氛围，促进学生之间的积极联系，包括学习小组、兴趣小组等校内小组活动与自由互动。鼓励学生在困难时期向朋友寻求情感支持，增强的同伴支持可以部分弥补弱化的家庭支持。

（5）以尊重、倾听的态度提供支持。尊重学生及其家人的隐私，鼓励学生倾诉自己的感受，理解学生可能出现的行为、情绪或学习成绩的变化，保持一种不评判的支持性态度。如果注意到学生出现心理异常的迹象，要及时与学校心理教师和学生家长沟通。

2. 学生不来上学

小迪今年刚上初中，但班主任发现他常常不来上学。一开始他还只是迟到早退，后来发展到旷课一整天，再到后来甚至连续几天都不来学校。班主任了解到小迪是独生子，性格内向，小学五年级时父母离婚，吴迪主要和母亲一起生活。母亲是一位"女强人"，每天都加班到很晚，有时还会连续去外地出差很长时间，无暇顾及孩子。母亲不在家时，小迪主要独自生活，用母亲留下的钱买吃的，自己学习和睡觉，周末去外公外婆家吃住。有同学向班主任反映，小迪不来上学时会在家里打电脑游戏。

义务教育是根据法律规定，适龄儿童和青少年都必须接受，国家、社会、家庭必须予以保证的国民教育。但在实际教学过程中，教师可能常常会遇到学生旷课、逃学、不来上学的情况。面对这种情况，教师一方面有责任督促学生接受义务教育，另一方面也需要通过各种方法攻克这道难题。

一、了解可能的原因

学生不来上学和学生自身对学校环境的体验有一定关系，我们有必要通过了解学生的内心世界来解析其不来上学的原因。

（一）主动询问学生

不来上学的学生对学校环境里的人和事也会相对回避，因此教师需要主动出击去询问学生到底发生了什么。是不是学校里面发生了什么事，或者是家里发生了什么事？还是他自己的内心世界发生了什么变化？通过主动而细致地询问，了解事情的来龙去脉。

学生因为自身原因不来上学的常见理由有以下几种：

• 学习或考试压力大；

- 与教师发生过冲突；

- 与同学发生过冲突；

- 校园欺凌；

- 担心被嘲笑或批评；

- 结交校外不良朋友；

- 抑郁状态；

- 游戏成瘾；

- 学校恐怖症；

- 适应困难；

- 不理解学习的意义；

......

关于学生不来上学的详细原因，参见《速查手册》"当学生不来上学时"一章。详细地了解原因有助于我们协助学生摆脱困境，当然这个过程不一定容易，部分不来上学的学生一开始可能会拒绝沟通，教师需要耐心去处理。

需要注意的是，了解学生情况时要避免采用批评说教的态度。大部分学生对于不来上学可能会有愧疚、尴尬等负面情绪，如果与学生沟通时带有批评色彩容易加重他们的心理负担，更难了解学生内在真实的想法。因此建议教师在了解情况时以一种温和而坚定的态度开展工作。温和是指"老师不是来批评你的，只是想要了解你的真实情况，听听你的想法"。谈话的目的是促成理解，解决问题，而不是表达对学生的不满，更不是激化矛盾。因此要让学生感觉跟你说心里话是安全的，你是可以信任的。坚定是指当学生拒绝、回避、沉默，甚至欺骗的时候，我们要坚定地邀请他说出真实的想法，要求他返回学校上学，完成义务教育，不以他当下的状态来评价或反应。

（二）了解家庭情况

处于义务教育阶段的学生不来上学，其实代表着学生背后的家庭在运转功能上出现了问题。学生按照规定完成义务教育学业需要多方努力，其中家庭的敦促和管理非常重要。

教师发现学生出现旷课、逃学或不来上学的情况，应该及时通过电话联系家长告知情况。在电话里应该告知学生最近的到校情况，自己观察到的学生的异常表现以及可能的原因。

在告知的基础上应该与家长详谈或安排一次家访，具体了解学生上学的详细情况，包括学生上下学是否有家长接送，家里距离学校有多远，学生过去是否出现过类似的情况，当时是怎么解决的，学生是否告知家长没有去上学，学生最近在家里的表现如何，等等。

不上学的学生背后可能会有各种各样的问题或困境。也许在联系家长这个环节，教师就会遇到重重阻力，这时教师要拿出坚定的态度和决心，想办法让学生重回学校。这个过程需要教师付出额外的时间和精力，非常辛苦，但从家庭的角度入手，对于解决学生不来上学的问题会有直接效果。

二、如何帮助学生来上学

（一）与学生谈心

学生不来上学背后一定有学生遇到的困难或者他认为合理的原因，我们需要从学生的心理层面了解学生究竟为什么不来上学。我们在前文列举的学生不来上学的常见原因，涵盖了绝大部分的情况，但这些情况都只是假设。我们需要通过和学生的交流，从学生口中了解事情的真相，这是不容易的。有些学生可能在教师一两次主动的沟通过程中就能逐渐打开心扉，但有些学生可能对教师有抵触心理，后者是我们做工作的重点。

我们要理解，学生不来上学一定有其内在原因，无论这个原因看起来多么奇怪或隐蔽，它都能够在我们和学生的交流过程中逐渐清晰。我们就像是排查故障的工程师，需要带着耐心和智慧主动解决问题。这可能会增加我们工作时间之外的负荷，需要我们积极调整心态，因为保证学生上学是我们不可推卸的责任。既然如此，我们的重点就应该放在如何有技巧、有效率地解决这件事上。

尽量利用课余时间找学生谈心，这可能需要很多次，有时也会遇到学生态度冷淡，拒绝沟通。无论何种情况，我们都要尽可能推心置腹地与学生交谈。在这个环节，真诚和关心是打开僵局的法宝。我们可以说：

> "最近是不是遇到了什么事情？无论是学校还是家里发生了什么，你都可以告诉我。如果你希望我保密，我一定不会告诉其他人。我很想知道你现在是否遇到了什么困难。"

也可以说：

> "不上学的感觉怎么样？真的很轻松吗？是不是真的和你想象的一样？有什么感觉我们可以谈谈。"

还可以说：

> "我知道你不想来上学一定是有你的原因，但按照法律你必须要来上学，如果你一直不告诉我，出于责任我会一直找你，校长也会联系你的家人，你也很烦不是吗？所以如果你真的不想上学，不妨跟我谈一谈，也许我能帮你。"

总之，这个过程是需要我们付出很多耐心，甚至要去感化学生的。但只要我们真的站在学生的角度去体会他的感受，努力理解他的处境，学生终会理解、接受我们的善意。

在这个过程中，有时我们会因为超负荷的工作或者额外的加班而感到疲惫，甚至是愤怒，这时我们就需要调整自己的状态，因为学生也遇到了很大的问题，不来上学很可能会对他的整个人生都造成很大的影响，所以我们正在处理的是对学生来说非常重要的事。我们要尽可能保持情绪稳定，同时也要认可自己的付出——无论结果怎样，这都是身为教师应该做的事。

与此同时还需要强调一点：如果学生有对立违抗性障碍或学校恐怖症，情况达到了疾病诊断的水平，那么仅通过教师单方面的沟通是不可能化解的，需要借助专业的治疗。这时候教师要寻求家长的配合，促进家长积极推动学生进行治疗。

此外，我们还有一个角度——讨论学生不上学的"获益"。心理学中有一个说法，一个人一直维持在某种状态或者坚持做某件事，哪怕它是很痛苦的，在心理层面也一定有他的获益。

例如，小莉在父母开始讨论离婚的时候出现了不去上学的情况，原本性格温顺的她无论如何都不愿意去学校，她的学业水平处于中游偏上，与教师同学相处良好，但她为什么一提到学校就咬牙切齿，对学校有那么大的负面情绪呢？

这种情况看似蹊跷，但小莉一定有心理层面的获益，有一种可能就是，小莉想用"自己有问题"这件事情转移父母之间吵架的火力，甚至凝聚这个家庭，让家庭的关注点从离婚变成让自己上学。只要小莉不去上学，这就是她的家庭里目前最大的问题。她可以让原本总是谩骂爸爸的妈妈开始关注自己，可以让经常加班见不着面的爸爸开始频繁找自己谈话，她成功地让爸爸和妈妈留在了这个家里，也成功地让爸爸和妈妈统一了战线。

在这个案例里，小莉是在用自己的方式维系家庭，学校和教师方面不存在任何问题。如果我们不了解"心理层面的获益"这一点，就很难解开这个结。

还有一类学生不来上学是因为不明白上学、学习或教育有什么意义。再加之家庭监管不力，他们很可能就滑向了更能带来短暂快乐的活动，如去网吧玩游戏或者是结交社会上的不良朋友。在这个时候学生内心是轻视学校教育的，教师需要用恰当的方式对其进行教育。

要发现学生内在的潜能和兴趣，也许他不擅长应试教育，或者他目前的关注点不在主科学习上，但他可能有其他的兴趣爱好，如街舞、手工等。我们可以和学生一起分析他的优点，如果是初中生，还可以给他做一些职业生涯发展的规划。

例如，班上有一个女同学，她未来的梦想是当明星，所以她不来上学，一心想着如何学习化妆打扮或让自己变美。这时我们就可以和这个同学一起分析：

- 如果你想要当明星，需要具备哪些素质？
- 完成义务教育是不是其中必要的一环？
- 在文化课上的优势对明星来说是不是加分项？
- 你喜欢的、崇拜的明星是不是也在努力地做着手头的工作？
- 面对必须做的事情，我们怎样摆正自己的心态，并积极地完成？
- 你如何平衡兴趣爱好和学业发展？

……

通过这些细致的拆分，教师就能够有效传达对学生的关心，这种态度是最重要的！有时候教师未必能把学生的情况拆解得非常清楚，也很难完全解答他们的困惑，但教师努力传达的这种温暖、坚定、愿意帮忙的态度会对学生有非常大的帮助。

（二）做家庭工作

学生能够"成功"地不来上学，其实代表着家庭的监督功能出现了问题，需要教师或者其他的专业力量介入。所以教师应该首先考虑与家长进行一对一沟通，最好能够当面对谈。要注意，对谈的目的不是通知，而是要和家长一起讨论学生不来上学这件事。因为学生作为未成年人不来上学，大部分家长是尝试过劝阻的，所以这代表着家长或许也遇到了困难。如果我们单纯以通知的心态告知家长学生没有来上学这件事，并不一定能带来实质性的帮助。我们需要跟家长确认具体的情况。

建议把家长约到学校或者以家访的形式面谈，要详细了解学生目前的心理状况，同时大力推进学生上学的行为。因此，我们可以把上学拆分为两部分：行为上能来上学和心理上接受上学。

首先要了解学生遇到的困难，这部分前文已经交代过。接下来，我们需要了解家庭遇到的困难。有文献显示，不来上学的情况在留守学生中更为常见，这可能意味着家庭监督者角色的缺失容易促成学生不来上学的现象。我们需要向家长呈现这一问题，监护人有义务让学生接受义务教育，有责任监督学生上学。无论家庭遇到了什么样的困难，都应该重视这件事。

我们可以与家长讨论解决方案，例如，每天由监护人护送学生去学校，教师要确认学生是否进入教室。这属于在行为层面监督学生到校上学。

有时即使家长想要接送学生上下学，学生也会出现不来上学的情况，这通常是家长拗不过学生，进行了妥协。这时教师需要对家长、学生双方做工作。

当我们发现是学校中的其他因素导致学生坚决不来上学时，我们需要逐一排除障碍。例如，如果存在与同学或教师的冲突，在对学生进行疏导的同时，也要对相关的同学或教师进行调解，制定解决方案。

还有非常重要的一点是，我们要让家长意识到学生不来上学这件事情有他们的责任和问题。教师和家长沟通学生不来上学的情况时，家长经常会把责任推卸给学生，认为全是学生的问题。但事实上一个未成年的学生能够"成功"不来上学，一定代表了家长的管理疏漏。因此家长应该重视，适度自我反思，这是整个家庭共同遇到的问题，需要大家齐心协力解决。

在实际工作中，我们还可能遇到各种各样的问题，如家庭关系混乱，父母双方都不管孩子，或者是父母教育缺位，由祖父母管理孩子，那么这就有非常大的实施困难，我们应该及时告知校长和学校相关管理者，联合社区、居委会、学生的其他家人等，结合多方力量来推动学生上学。

3. 学生书写、阅读能力差——读写困难

明明没有开小差，但读写速度很慢；

总是写错字，怎么教也记不住；

听、说都没有问题，但是一落到读、写上就困难重重；

朗读不流畅，读着读着就跳字、跳行……

这样的学生是怎么回事呢？

学校的心理老师说可能是存在读写困难，可什么是读写困难？需要怎样处理呢？小学三年级的班主任李老师心里很疑惑……

一、如何更好地理解学生

（一）什么是读写困难

读写困难是一种表现为阅读、书写能力缺陷的神经综合征。这是一种较为常见的特殊学习障碍，也是学生学习困难的主要类型，占其中的80%～90%。读写困难具体表现为字词发音有困难、写字出界、拼写易错等，是学生成绩欠佳的主要原因。

尽管读写困难学生在读写方面存在异于常人的加工方式，但他们完全可以非常优秀，获得充分的发展和成功的人生。耶鲁大学阅读障碍症和创造力中心2020年的研究发现很鼓舞人心。研究者向43名有阅读困难的耶鲁大学毕业生和43名没有读写困难的耶鲁大学毕业生询问了150个问题，这些问题涉及他们在大学的学习经历、自尊、大学毕业后的就业和职业道德。读写困难学生无论是学术还是社交、职业，都能表现得和其他学生一样优秀，这种优秀一直延伸到了毕业后。读写困难学生具有优秀的潜质，能成为对社会有贡献的人，但前提是他们在成长过程中得到了尊重和理解。

读写困难有一些独有的特征，目前大量研究显示，读写困难由遗传、器质性脑加工机制、神经活性等引起，并不是缺乏学习动机或机会，或者教导不当导致的。读写困难能通过系统、长期、适应性的干预而缓解，但无法获得根本性改变。通过对学生施加短期简单影响来消除读写困难，是不切实际的要求。

作为教师，了解读写困难的典型表现和应对思路能在教学过程中帮助学生及其家庭识别问题，获取相应的专业支持，同时避免对学生提出不切实际的要求。教师的良性引导可以帮助读写困难学生更好地适应校园环境，探索学习方法，完成学业，最终顺利进入社会。详情介绍参见《速查手册》"当学生书写、阅读能力差时"一章。

（二）当学生疑似存在读写困难时，教师需要了解什么

1. 了解学生的诊断情况

当我们感觉到学生可能存在读写困难时，要促成家长带学生寻求专业诊断。我们了解到学生的诊断情况后，也要多问几句，因为读写困难常与其他的心理问题并存，如注意缺陷多动障碍或抑郁状态。更清楚地了解学生的诊断情况，可以更加有针对性地帮助和支持学生。

2. 了解学生的学习情况

既包括了解学生受影响学科的情况，也包括其他学科的情况。可以为学生绘制一张学科情况表，了解学生的优势学科和弱势学科，以及兴趣爱好。既关注学生的弱势学科，提供相应的帮助，也关注学生的优势学科，作出肯定和表扬，帮助学生建立自信。

3. 了解学生的社会支持情况

这里是指了解目前有哪些力量在帮助学生。例如，父母是否都知晓学生的情况，是否接纳并积极陪伴学生？学生是否开展了相应的练习？各个学科的教师是否知晓学生情况？同学们是怎么看待他的？在此基础上，评估学生的社会支持力量。如果支持力量较弱，应积极支持学生，让他感觉到自己是被重视的，自己的困难是有人分担的。

4. 了解学生的情绪状态

主要了解学生读写受影响带给他的体验。例如，他是否感到沮丧？是否对自己很生气？是否觉得不公平？是否自暴自弃？了解学生的情绪状态，能够帮助我们更好地对学生进行指导。

二、如何更好地帮助学生

（一）如何与读写困难学生相处

1. 进步比分数更重要

在学生取得进步时及时表扬和鼓励，而不是只看重分数结果。对于读写困难学生来说，学业成绩本身就会受到症状的影响，因此，教师应该引导他们关注自己的成长和改变，鼓励学生与自己比，关注学生相较于过去的进步，而不要只看重客观的分数和考试成绩。例如，面对读写困难学生小来，教师可以说：

> "小来，老师看到这段时间你在写字上有了进步，之前你会写出方格外很多，但最近你交的作业，大部分的字规规矩矩地在方格之内了，只有极少数字会出来。我批改你的作业，感觉比以前整齐了很多，你是下了功夫的。"

在这段话中，教师肯定了小来的努力，并且明确指出了小来进步的方面，这样会让学生觉得自己的努力确实被教师真真切切看在眼里，它是有意义的，会赋予学生继续进步的能量。而且当我们把进步的表现细化之后，它就不是一个宽泛的鼓励了——不是简单地说"你很棒"，而是说你付出了哪些努力取得了什么样的效果，这确实是非常好的进步，它鼓励的是努力的态度和有效的方法，比宽泛的鼓励更有引导性，学生会知道自己可以继续努力，并且找到好方法以取得实质性的进步。

我们还可以说：

> "把字一个一个写进方格里很不容易吧，当时遇到什么困难了吗？"

——表达对学生努力的肯定和关注，关心学生在过程中的体验，也能帮助学生看到自己的内在力量。

"这么短时间里就有这么明显的进步，你是怎么做到的？"

——目的是鼓励学生梳理自己的方法，并且让学生感觉到自己是有能力的，可以把事情做好。

"现在你可以把字写在方格里了，下一步你打算做什么？"

——鼓励学生继续梳理、设定目标，并表达出教师持续关注的态度。

2. 当学生因读写困难犯错时，避免负面评价

很多教师会误以为读写困难学生是学习态度不认真，做事不专心，其实对他们来说在某些学科上经常失误是常态，因此我们要避免在他们表现不良的时候评价"懒""笨""屡教不改"等，避免直接指责，而是讨论事情的哪个环节出了问题。

我们可以问：

"写错的地方是遇到什么困难吗？需要老师讲解吗？"

"你当时是觉得特别着急，还是在想别的事，或者是别的什么原因？"

"再去完成的话，还有什么困难吗？"

讨论这些问题的目的是了解当时发生了什么，而不是对学生盖棺论定。如果发现确实是学生能力短板所在，而并非人为故意造成，要安抚学生，避免他进行不必要的自责。同时，也要调整自己的心态——这就是学生的实际情况，不是通过谁的努力就能马上改变的，需要提供适宜的"土壤"让他慢慢发展。

如果发现是学生的态度问题，要了解其原因，尤其是要和学生谈论相关的情绪，并且和学生达成新的目标，将学生学习向前推进。

3. 看到学生的闪光点，及时鼓励

读写困难学生通常思维加工方式和常人不同，常人一般借助语音进行加工，读写困难学生往往会有各自独特的加工和记忆方法，也容易产生创

造性，且他们的思维速度、智商和正常学生无异，有些甚至更佳，很多读写困难者最终取得了巨大成就。有时候成绩和分数并不代表学生真实的学习能力和水平，教师要调整心态，多多看到学生的闪光点，并及时鼓励和肯定。

(二)如何创建有益的学校环境

1. 课堂教学与班级管理中的方法

可适当为学生延长完成相关能力的作业或考试的时间。

读写困难群体在语音书写方面存在脑机制上的差异，这直接影响了他们说话、阅读和拼写的能力，因此在相应的科目上可以适当延长完成作业或考试的时间，或调整提交的方式。例如：

(1)针对写作文，可以让他们通过语音转录文字的形式形成作文初稿，再进行修改、打印后提交。整个过程需要提前与家长商量，最好由家长监督其过程，以保证真实完成。

(2)针对作业总量，可以适当减少，如可让学生完成作业总量的80%，这样不至于占用太多的休息时间，但要求学生保证质量和正确率。

(3)针对考试，可以适当延长其考试时间，但避免让班级其他同学发现。如可以提前告知学生会多给他15分钟的时间，考试结束时统一收卷，放学后留学生在办公室额外独立作答15分钟。

📋☑ 知识链接

为读写困难学生提供的调适措施

在英国，读写困难学生考试时可以多25%的时间来答题，而且每考1小时，可以休息10分钟再继续。在我国香港地区，教育局针对特殊教育制定了详细的考试调适政策，如下所述。

第一，提供特别考试安排。

(1)不因学生的字体欠工整而扣分。

（2）延长作答时间。

（3）试卷的特别编排，包括：将试卷放大；将试卷的字体放大；单面印制试卷；容许学生拆开试卷的钉装；以便利学生阅读的颜色纸（如象牙色）印制试卷；尽量把题目和答题的位置以及要阅读的资料和题目印在同一页或相邻页。

（4）作答形式的特别安排，包括：容许隔行书写；采用行距较宽的答题纸；容许学生直接在试卷圈选而非写答案。

（5）读卷/使用电脑读屏器/查问字词读音。

（6）使用语音转换文字软件作答。

（7）默写调适，包括：灵活采用给分制代替扣分制；为每部分的扣分设上限；把默写范围提早通知学生或家长，让他们有较充裕的准备时间；调整朗读次数及默写时间，让学生有足够时间掌握内容及进行默写；缩小需要温习的范围，集中巩固基础部分；减少需要默写的数量。

（8）以电脑输入代替书写。

第二，避免突然让学生当众朗读或书写。

读写困难学生对于自己的薄弱环节容易紧张，且确实存在能力差异。

避免当众要求学生阅读或书写，如需考核，优先采用和学生课下一对一的形式。

（1）如确实需要当众朗读或书写，尽可能提前告知，如提前一周告知下周什么课上会要求学生起立背诵课文，让学生可以充分提前准备。

（2）如学生当众朗读或书写受到了嘲笑，要及时与班级其他同学沟通，告知他们个体之间存在差异，每个人都有优势和短板，但这并不影响未来的发展。要避免读写困难群体在学校受到人际伤害。

第三，避免当众点评学生读写能力，如阅读、背记、书写等。

当面点评学生的读写能力会给他们带来压力，而他们的情况并不是通过施压就能解决的，因此应该尽量避免当众展示学生的薄弱环节。如果学生表现不佳，要理解学生确实存在困难，避免当众评价学生"笨""不认真"，可私下沟通。如果学生表现良好，可以鼓励他的努力和认真。

第四，将读写困难学生安排在靠近讲桌的位置，便于在课堂上及时指导。

读写困难学生在听课时容易感觉到有阻力、有困难，可以把该群体安排在教师比较方便观察和照顾的范围内，便于及时管理、提醒。

第五，提供课堂材料的录音。

对于读写困难学生，能够及时提供其他选择来满足他们的需求十分必要。有研究者指出，教师可以通过录制音频的方式来向读写困难学生叙述课堂内容及布置作业。这样可以让读写困难学生通过回放录音来更加清晰有效地理解课堂内容和作业任务，而且学习过程中，学生也可以通过跟读录音中出现的高频词汇来提高他们的词汇记忆和阅读理解能力。

2. 与相关学科教师的沟通

（1）向相关学科教师告知学生的具体情况，一般是语文教师或英语教师，必要时可对任课教师进行相关知识的科普。建议直接沟通，让任课教师充分知晓学生的情况。可能的话，为学生定制教学方法，以辅助学生完成学业。

（2）与相关学科教师讨论、分享教学思路，在日常与学生的相处中，避免对学生进行指责，避免将学生的表现不佳归因为学习态度或智力，以鼓励、肯定、陪伴的方式与学生交流。

（3）鼓励相关学科教师用适宜的方式对学生进行管理和考核。例如，适当延长考试时间，适度减少作业总量，用语音录入或其他方式提交作业，等等。

（4）定期获得相关学科教师的反馈，肯定他们的付出和努力，从学校管理层面、班主任层面、家长层面为教师赢得更多认可或支持。

（5）将学生的具体情况告知其他学科教师，发现学生的优势学科时，可以让相关学科教师多鼓励、肯定学生取得的成绩或付出的努力，增强学生的自信心和学业胜任力。

（三）如何创建有益的家庭环境

1. 促成家长带学生寻求专业诊断

读写困难需要专业医学人士的诊断。当怀疑学生有相关困难时，要积极与家长沟通，促成家长带学生寻求专业诊断。同时，读写困难常与其他困难共病，如注意缺陷多动障碍等，进行相关的专业诊断能够帮助厘清学生的现状，并获取有效的医学支持。

2. 鼓励家长接纳学生的现状

有的家长并不能接受自己的孩子存在相关问题，有的甚至会表现出拒绝、焦虑、愤怒等反应。我们需要告知家长，读写困难是一种神经综合征，主要的成因在于大脑结构和功能上的异常，它存在生理上的基础，应鼓励家长接受学生的现状。

可以这样和家长沟通：

"孩子有读写困难是由于他的大脑在结构和功能上和其他孩子略有差异，会影响他书写或阅读，但这并不代表孩子的智力有问题，他也可以发展得很优秀。我们要理解孩子的情况，多多鼓励孩子，多与他沟通，我们一起形成一个合作团队，推进孩子的学习和成长。这些问题并不会真的阻碍孩子的前途，而我们的陪伴和鼓励非常重要。"

3. 鼓励家长课下陪学生练习

学生在读写方面有困难，需要有一定的练习来适应提交作业、完成考试等，这不能完全通过学校课堂实现，因此可以鼓励家长在课下陪学生练习，如陪学生练习对话、口语表达，陪学生一起写字、练字，等等。

4. 多反馈学生在学校的表现，了解学生在家里的表现

多向家长反馈学生在学校的表现，如他上课时的情绪状态，他完成作业时比较擅长和比较困难的地方。向家长及时反馈，有助于对学生的学习状态进行把控，监督学生持续投入学习。同时，也要了解学生在家里的表现，对学生的努力应予以肯定。

4. 学生考试焦虑

距离中考不到 1 个月了，大家称之为"考前综合征"的情况悄悄地在九年级同学中蔓延开来，表现为多种形式：

有的同学说，快考试了，这知识点怎么就记不住呢？

有的同学心里仿佛压着大石头，沉沉的；大脑像生了锈，转不动了。

有的同学坐在课桌前，手里的笔不停地转，大脑却停转了。

有的同学心里忐忑不安，忍不住地想：这次考试我又要让妈妈失望了，妈妈，你不要生气啊……

有的同学经常头疼，有的同学肚子疼、拉肚子，有的同学皮肤上起了好多疹子……

还有同学说自己学了也没用，不管学了多少，只要一进考场，心就怦怦直跳，小腿不停地发抖，大脑一片空白。因为控制不住慌张，每次考试结果都不如意。

对此，怎么缓解学生的考试焦虑呢？

考试焦虑是学业焦虑的一种特殊形式，指学生面对考试时表现出的焦虑、恐惧或紧张情绪。很多学生有过考试焦虑的经历，焦虑严重时会导致考试发挥失常。这种现象常与考试特点、准备情况、生活事件、个人性格特质等因素有关(参见《速查手册》相关部分)。针对这些因素，不仅要帮助考前学生对学科知识进行准备，还要帮助他们准备心理状态，避免过度慌张。

一、帮助学生积极地面对考试

(一)帮助学生规划复习任务，减少混乱

如果把考试比作一场战斗，那么可以看看《孙子兵法》中的一句话，

"夫未战而庙算胜者，得算多也；未战而庙算不胜者，得算少也"，意思是战斗胜负的关键在于战前准备是否充分，准备得越充分，那么取胜的可能性就会越大。当考试准备变得心中有数时，焦虑水平就会大幅下降。临近考试，减少焦虑的一个有效方法是量身制订一个可行的复习计划。复习计划可以帮助学生跳出情绪"旋涡"，更加理性地梳理在什么时间执行什么学习任务，让复习进度更清晰、更可控，从而避免因慌乱而浪费复习时间。例如：

  • 帮助学生规划需要完成的任务，然后把任务分解成可分解的小部分。

  • 帮助学生将学习内容按重要性排序，并优先复习列表顶部的内容。

  • 帮助学生估计每项任务需要的时间，并与剩余时间进行比较，从而引导学生调整自己的节奏，在有限的时间内复习最重要的内容。

  • 帮助学生按照艾宾浩斯遗忘曲线的记忆规律，有节奏地进行复习。不断地遗忘会让学生的焦虑水平迅速上升。对此，可以告诉学生，遗忘是有规律可循的，不是因为"脑子笨"，而是需要不断重复记忆。这样，学生对知识背记的效果有了预期，不再那么不确定，就会减少焦虑，更容易把注意力集中在复习上。

（二）帮助学生建立适合自己的节奏，减少慌乱

临时抱佛脚常常会加重考试焦虑。相反，保持一个适合自己的学习节奏，有助于缓解过度的焦虑，起到镇静的作用，也更容易集中注意力。例如：

  • 学生每天可利用的有效学习时间因人而异。计划出每天可供学习的时间，比起考试前一晚临时抱佛脚18小时，压力要小得多！

  • 如果可能的话，每天在同一时间学习同一科目，稳定而清晰的节奏可以起到稳定情绪的作用，会帮助学生更好地集中注意力。

• 在题目作答过程中也要保持一种稳定的节奏。即使考试是计时的，匆匆完成也不会有更好成果。花些时间仔细阅读和回答每个问题，试着以均匀的速度答题。

• 应对考试，首先解决哪些考题？有的学生喜欢从简单的题目开始，作为一种热身，可以为解决难题建立信心，有的学生则更喜欢从有挑战性的问题开始。无论哪一种都可以，适合自己就好。

• 在学习过程中，连续学习几小时会增加焦虑，建议每45分钟休息一次。如果注意力仍然难以集中，也可以试试每25分钟休息一会儿，站起来伸伸懒腰，离开书桌一会儿，散散步，等等。

焦虑通常会导致肌肉紧张，尤其是上背部和颈部的肌肉，会引起疼痛和不适，影响注意力的集中。在休息的时候，可以伸展和按摩任何感觉紧绷的肌肉。这样既可以缓解身体上的紧张，也能减轻心理上的焦虑。

（三）保持健康的生活方式

在考试前，引导学生保持健康的生活方式，有助于他们保持良好的记忆、认知能力和情绪状态。可以简单地概括为：吃好、睡好、适量运动。

1. 吃好

身体需要足够的营养才能为大脑提供更多的能量，支持更有效地复习。可是，学生在感到压力大时，通常胃口会变得不好，吃不下饭，有的可能会选择吃味道偏重、不健康的食物，如油炸食品。其实，油炸、高糖食品等会加剧焦虑情绪，在压力大的时候应避免摄入这类食物。建议学生多吃水果和蔬菜，多摄入谷物和优质蛋白，同时多喝水来保持身体水分充足。

2. 睡好

睡眠是缓解焦虑和压力的好方法，有助于放松神经，缓解疲劳，将白天复习的知识由短期记忆转变为长期记忆。当考试即将到来时，学生感受到压力可能睡不好，而睡不好时又会感到压力更大，这是一个恶性循环。通过减少睡眠来增加复习时间看上去很有吸引力，但是睡眠不足会让学生的思维变得迟钝，影响水平的发挥。所以，不管复习情况如何，临考前睡个好觉，都是非常重要的。

3. 适量运动

锻炼有很多好处，例如，可以改善学生的情绪，为学生提供更多的能量，帮助他们减少压力。在考试前，可以适当安排一些运动来让学生活动身体，缓解大脑疲劳，如慢跑、散步、体操等，这样他们的大脑就有机会放松和恢复精力。

二、召开考试焦虑主题班会

每一个学生产生考试焦虑的情况可能都不同，应对策略也因人而异。对此，召开一次以考试焦虑为主题的心理班会，引导学生讨论和分享对考试焦虑的理解、经历与策略，常常会收到不错的效果。以下讨论主题可提供参考，但绝不限于以下主题，我们更鼓励激发学生的自主性。

（一）压力是朋友，还是敌人

压力是朋友，还是敌人？大多数人会说是"敌人"，因为压力通常与失眠、头痛、不良饮食习惯等联系在一起。但是，你是否思考过：如果改变了对压力的看法与互动方式呢？如果压力不是要破坏生活，而是能够帮助我们呢？事实上，压力对人的健康或生活而言并不是一个大问题，问题在于把压力看成是朋友，还是敌人。作为敌人，压力会对生活造成很多破坏，很多人已经体验到了这一点。然而事实上，压力不完全是敌人，它也可以让我们更好地迎接挑战，不是摧毁我们，而是帮助我们走出困境。

压力本身对人的影响是多方面的。压力不是一股外在的力量，而是一个人本身的感知特点与外在环境互动的结果。同样的事情，有的人觉得给自己带来很大压力，而有的人却觉得是一个让人兴奋的挑战。研究表明，对压力的认知会影响压力的结果，如果一个人认为压力对自己的负面影响比较小，那么负面影响真的会比较小，理解并接受压力挑战的人实际上生活得更幸福，而且并不比经历最小压力的人更容易生病。

面对考试带来的压力，我们要避免把它当成敌人，努力让它成为我们的朋友。在大考前焦虑是很自然的反应，是一种帮助我们应对"考试这场战斗"的助力，有助于提供动力和集中注意力。有人说，生活的百分之十是我们要做的事，百分之九十是我们如何应对。这话虽然有些绝对，但也有一定的道理。当生活为我们安排一场考试时，我们可以告诉自己"我能处理好"，或者"我以前处理过困难的事，这次我也可以"。

（二）专注于自己，还是观察别人

考试时环顾四周，看到别人似乎在轻松地答题，会让人感到更有压力。即便发现其他人看起来同样紧张，也不会让人感觉更好。此时，需要努力专注于正在做的事情，如果觉得有必要暂时把目光从试卷上移开，就闭上眼睛，深呼吸几次。

首先，专注于自己的问题。考试时走神，可能会让消极的想法潜入并分散注意力。要确保注意力集中在正在处理的问题上，所有的精力都集中在找出题目的答案上。如果很难集中注意力，可以试着默默地重读问题或提醒自己不要走神，这有助于将注意力集中在眼前的任务上。

其次，好好利用考试之间的休息时间。在这段时间里尽量避免与同学讨论已经考过的科目，把精力放在下一科目的心理、身体准备上。例如，抓紧时间做个深呼吸，伸展一下身体，理清思绪，也可以喝点水或去趟洗手间。

（三）什么时候寻求心理帮助

有时候，焦虑的症状会非常严重，以至于影响社会功能的发挥。如果发现学生有明显的焦虑症状（参见《速查手册》相关部分），建议他们积极寻求帮助。与父母、教师或者心理教师谈一谈，是调节焦虑的好办法。许多学生在面对焦虑情绪时选择了忽视或回避，于是焦虑情绪不断积累，蔓延到生活中的各方面，以至于完全失控。应当尽早寻求帮助，在焦虑开始对生活和人际关系产生破坏之前，主动地调节焦虑非常重要。

三、帮助学生预先体验考试过程

预先体验考试，可以帮助学生提前暴露在触发考试焦虑的现实情境之中，那么可能触发焦虑的问题在考试之前就可以得到讨论，并形成应对策略。就如同在行军途中先排掉路上的地雷，可以让我们更轻松地走向战场一样。

（一）讲明考试中的细节

不确定性更容易引起学生的焦虑，学生对考试的内容范围越模糊，产生的压力可能就越大。教师可以对照教学大纲，告诉学生考试的具体内容范围，讲解考试的题型，并提供考试的时间、地点等尽量多的细节。例如：

- 提醒学生做好考试证件、考试用具的充分准备。
- 督促学生按时或提前到达考场参加考试。迟到会在学生开

始考试之前就引发焦虑，所以尽量要求学生准时参加考试。

学生对考试的细节清楚了，就会作出准确的预测，以一种有针对性的、高效的方式来复习。

建议学生在每次考试前，认真听监考教师朗读和讲解考试说明，这样学生对考试中的每个步骤都能做到心中有数，一方面可以更合理地利用考试时间，另一方面也可以避免填错答题卡等失误。对整个考试过程的掌控有助于学生减少焦虑。

（二）帮助学生模拟演练：体验考场环境和考试过程

心理学中有一个"情境依赖记忆（Context-dependent Memory）"的概念，如果学生所处的考试环境与日常环境相似，那么学生会有更少的焦虑和更好的记忆力（Van Der Wege & Barry，2008）。因此，我们可以像训练士兵模拟真实战场环境进行作战一样，尽量模拟一种真实的考场环境来组织模

拟考试，让学生对考场环境不再陌生，从而减轻考场的紧张环境对学生情绪的影响。在模拟演练中，模拟考场设置得越逼真，模拟考试环节设置得越细致全面，效果就越好。例如：

- 学生考号的设置。
- 进入考场的要求，考场中挂钟的设置。
- 模拟考试的时间设置。
- 监考教师的设置。

······

在每一次模拟考试后，要及时安排学生进行反馈和讨论，如存在哪些可能引起焦虑的因素，这些因素需要怎样克服，等等。当学生在不断的体验中形成了自己的应对策略时，考试焦虑就会得到缓解。

（三）帮助学生掌握考场的放松技巧

放松有助于学生更好地提供记忆线索（Cassaday，Bloomfield，& Hayward，2002）。无论是在考试开始前坐下来放松几分钟，还是在考试过程中突然感到很紧张时利用一些简单有效的方法来放松，都是很有必要的。放松的方法有多种，包括呼吸放松、想象放松、肌肉放松、正念等，这些方法都可以在应对考试焦虑的过程中发挥作用，其中呼吸放松法最为简便易行。

1. 呼吸放松练习

呼吸放松练习可以非常有效地帮助学生在各种情况下放松和扭转压力反应。在答题过程中，一旦感到焦虑影响答题，就可以做一个快速的呼吸练习，帮助恢复平静。呼吸放松的方法有多种，如鼻腔呼吸放松法、腹式呼吸放松法等，不同学生的体验可能不同，可以帮助他们选择适合自己的方式。

📋 **知识链接**

考场中的呼吸放松法

（1）鼻腔呼吸放松法：适用于考试开始前放松。

在座位上坐好，摆正姿势，将一只手的食指和中指放在前额，用大拇指和无名指控制左右两个鼻孔轮流呼吸，并将注意力保持在呼吸上。以右手为例，右手大拇指按压右鼻孔，左鼻孔缓缓地吸气，缓缓地呼气，然后大拇指松开右鼻孔，无名指按压左鼻孔，右鼻孔缓缓地吸气，缓缓地呼气，由此一个循环。反复用两个鼻孔轮流缓慢而有节奏地呼吸，重复这样的循环5～10分钟，随着对呼吸的控制与觉察，整个人都会变得很放松，头脑也会更加清醒。

（2）快速呼吸放松法：适用于考试过程中放松。

答题过程中感到焦虑影响答题时，可以尝试用控制呼吸的方法来调节自己的状态。闭上眼睛，用鼻孔深深地吸一口气，至少保持4秒；然后将嘴唇慢慢松开，呼气，至少保持4秒。重复这个过程几次，让情绪平复下来，便可以安心答题。

2. 幽默

对一些学生来说，幽默可以缓解紧张。拿自己开点玩笑可能会有助于摆脱紧张，这样就可以集中精力考试了。比如，想着"天哪，天哪，我要吃掉这道让我头疼的难题"，或者可以想一些其他有趣的事情——想象教师穿着一件有趣的睡衣坐在家里给卷子打分。

（四）帮助学生练习情绪调节技巧

1. 认知重评

当考试焦虑来临的时候，消极的想法也会如影相随。这时，可以反思一下引起焦虑的想法，这些想法符合现实吗？有意识地换一个角度再想一想，也许会发现并没有想象的那么糟糕，那么无能为力。例如，在考试复习阶段，学生可能会想："这次考试题目这么多，我完全没有准备，肯定考不好。"如果觉察到自己有这样的想法，可以用一个积极的想法来代替它。例如："我知道这里有很多问题，但解决一个就会少一个，解决得越多成绩就会越好。"

2. 停止术

在答题的过程中，学生可能会想："天哪，这么多不会的，这次肯定考砸了！上不了高中，考不上大学，我的人生一切都完了！爸爸妈妈一定会对我很失望，同学们也会瞧不起我吧！"出现这样的想法时，可以直接告诉自己："这个讨厌的'乌鸦嘴'又来烦我了，3——2——1，停！我正在考试，一切等考完再说。"

3. 积极的自我对话

学生常常会忘记思维平衡的重要性，太多时候都在担心不好的方面，为此而努力应对，却忽视了思考最好的可能性。例如，考试过程中遇到一道难题可能会导致焦虑发作，可以宽慰自己说，"我不会做，可能别人也不会做"，然后继续专注于后面题目的解答。如果上午的数学考试中很多题是靠猜的，感觉心里没底，那么可以提醒自己，猜的未必都错，四选一的选择题至少有 25% 的概率是对的。这场考试已经过去了，自己不能再做什么了，当下需要做的就是准备好下一场的语文考试。

考试结束后，学生可能还会感受到一些残余的焦虑。可以建议他们选择一种健康的减压活动，如游泳或者爬山，这样有助于将注意力从考试中转移开来。

四、与家长沟通，一起为学生考试助力

学生考试，特别是中考、高考等重要考试，常常是整个家庭的大事，教师需要提醒家长做好自身的情绪管理和对孩子的生活保障，尽量减少或避免考试过程中导致分心、应激的情况，从而帮助学生把更多的精力投入

考试本身。

（一）提醒家长调整好自己的情绪

在压力情境下，人们很容易"灾难化"——也就是说，家长可能把情况想得最坏，担心孩子考试发挥失常怎么办，担心孩子考不上高中/大学怎么办。但家长的焦虑情绪可能会让学生变得更加焦虑，更加分心。在大多数情况下，学生和家长对考试的焦虑远远超过了考试的实际重要性。这时，需要提醒家长调整好自己的情绪，不管现在的考试有多重要，家长能做的都很有限，主要任务是保障孩子专心应对考试，让孩子专注于努力，专注于自身知识水平的有效发挥。

（二）提醒家长细致地做好考试保障

1. 准备健康的饮食

提醒家长尽量提供一些营养丰富的食物，为孩子提供持久的能量，而不是短暂的糖分激增。吃得健康也要喝得健康，要保障孩子在考试当天摄入足量的水分，提醒孩子带一瓶水去考场。但是在考试前喝咖啡或能量饮料可能会让学生感到更加紧张和焦虑。

2. 准备舒适的衣服

并不是所有的考场都有空调，提醒家长给孩子准备舒适的衣物，备上一件外套，这样可以帮助孩子适应不同的温度。一些细心的准备，可以让孩子专注于考试，而不用担心身体不适。

3. 保证孩子按时到达考场

迟到肯定会增加学生的焦虑，而早一点到考场会让学生有时间冷静和专注，做一些放松练习，更加从容地应对考试。提醒家长考虑考试当天的交通情况，避开交通拥堵的路线，留出足够的时间来避免意外，保证孩子按时到达考场。

五、与各科任课教师沟通

关于考试焦虑问题，班主任要与各科任课教师讨论、沟通，发挥学生与任课教师之间的桥梁作用，这样有助于形成为学生"保驾护航"的统一战线，了解学生更多的学业信息，获得更多缓解学生焦虑的启发。

1. 邀请任课教师参加班级活动

无论是考试焦虑的主题班会，还是模拟考试演练，都可以在活动前邀请任课教师出谋划策，活动中邀请任课教师参与互动，这会让活动有更丰富的观察问题的视角，也会带来更好的效果。

2. 一起关注对学科考试焦虑的学生

每一门学科都有自己的学习特点，有些学生可能对某一学科的考试感到恐惧，对此，班主任需要与任课教师一起，针对学生具体焦虑的内容进行分析、思考，寻求解决之道。

第二部分

心理行为问题

5. 学生在课堂上睡觉

近日，九年级五班学生爱睡觉的"美名"在任课教师之间流传开来。

有一次，张老师走进教室后，正准备开始上历史课，却发现很多学生趴在课桌上睡觉，于是不得不先花时间调整学生的状态。

还有一次，李老师正在讲物理中的浮力问题，讲着讲着，下面却传来了一阵呼噜声，后排的一名男生居然在课堂上睡着了。听说这名男生因为经常在课堂上睡觉，还获得了"课堂睡神"的称号。

班主任接到多名任课教师反映学生近期在课堂上睡觉的问题，这个问题要怎么处理呢？

一、课堂教学与班级管理中的方法

课堂上发现学生睡觉，需要区分是个别学生犯困，还是很多学生昏昏欲睡；还要区分这种情况是极少发生，还是经常出现。情况不同，优先考虑的原因也有所不同，而找对原因有助于有效解决问题。

（一）个别学生偶然出现上课睡觉的处理

个别且偶发的情况下，需要优先考虑睡觉学生当时的身体状态。例如，是因为生病带来的身体不适，还是由于前一晚有特殊情况没有睡好，或是当天没有吃早饭，等等。根据不同的原因进行相应的处理。

排查身体不适：不管是哪种情况，教师可能都需要先叫醒学生，询问学生感觉如何。如果学生感到身体不适，如头晕、发烧、喘不上气等，应及时联系学校医务室或就近的医疗机构，以防万一学生出现突发疾病而延误医治。如果学生说自己没有身体不适，那么可以建议学生喝点水或者去洗把脸清醒一下。

了解睡眠不足的原因：偶尔出现的睡眠不足可能是一过性的，也有可能是学生长期压力的起点。因此，如果了解到学生是因为前一晚睡眠不足，可以在课后进一步询问造成睡眠不足的原因，并在以后留心观察。

适当补充能量：健康饮食对于保持旺盛的精力也非常重要。如果学生是由于饿了而精力不足，允许学生喝点水、吃点零食，这样有助于学生在接下来的课堂上保持清醒。

最后，如果个别学生确实非常困倦，可以允许学生稍稍打盹，这样学生在后面的课堂上会更有精力一些，问题行为也会减少。睡眠不足的情况在我国青少年中相当普遍，同时睡眠需求存在显著的个体差异，因此有的学生上课犯困是可以理解的。小学低年级学生在缺乏午休的情况下可能难以保持清醒，进入青春期的学生在夜间睡眠时间不变的情况下也更容易白天犯困。

（二）多名学生偶然出现上课睡觉的处理

多名学生偶然出现上课睡觉的现象，与个别学生偶然出现上课睡觉的原因是相似的，不同之处在于，前者往往是由于大多数学生共同经历的一些压力或生理状态，也可能是当时所处的共同环境让人困倦。

教师可首先排查教室环境的问题，如教室灯光昏暗、空气浑浊、午后温度过高等，发现问题后可及时解决，如开窗通风，或者请学校管理人员协助解决，如更换灯具等。

其次，需要警惕一些健康风险，如多名学生出现食物中毒、传染病等。可询问学生是否伴随其他不适，发现风险及时联系医疗人员。

最后，考虑学生是否共同经历了消耗精力较大的事件，如刚刚参加了重要考试或比赛，需要一段时间来恢复精力。这种情况下应尽可能把课堂活动安排得更加轻松，容许学生多休息。

（三）个别学生经常上课睡觉的处理

个别学生经常出现上课睡觉的情况，优先考虑这个学生是否存在持续的不良睡眠习惯，或缺乏学习动机。这种情况需要针对个别学生进行评估和辅导，考虑与学生、家长或学校其他教师一起讨论这个问题。教师可分别参见本章"面向学生：做好睡眠健康教育"和"面向家长：与家长有效沟通"两部分，或者本书"学生缺乏学习动机"一章。如果发现学生可能受到心理疾病的影响，则需要寻求心理教师及其他专业人员的协助与支持。

在日常座位安排上，可以让容易在课堂上犯困的学生坐在教室靠前的位置，靠近教师会让学生努力保持清醒，或者让学生坐在敞开的窗户附近，明亮的光线和清新的空气也可以让人保持头脑清醒。

发现学生开始犯困时，可以向他提问，或者交给他一个学习任务，注意此时的目的是让学生保持清醒，而不是让学生感到丢脸，所以要尽量选择学生容易回答的问题。

当学生控制不住低头打盹时，可以让他把椅子挪到过道上，这样没有桌面可供支撑，特别的座位安排也让他更加难以轻松入睡。等学生克服了困倦后，再让他挪回自己的座位。

（四）预防学生上课睡觉的教学安排

如果出现许多学生经常上课睡觉的情况，则应优先考虑的因素是教师的教学方式以及班级的学习风气。教师可以运用各种教学技巧和课堂管理策略来调动学生的学习兴趣，保持学生的注意集中，从而减少在课堂上睡觉的情况。

1. 明确课堂要求

教师应当清晰、明确地向学生传达自己对课堂行为的要求，说明这些行为对学习的益处。建立日常课堂规范，并始终如一地监督执行，确保学生明白集中注意和积极参与的重要性。

2. 调整讲课节奏

教师要注意自己讲课的节奏，太快可能让学生跟不上，太慢则可能让学生感到无聊，二者都会影响学生的学习兴趣。观察学生的反应并相应地调整节奏，以保持学生适度的紧张。

3. 分解课堂教学

教师可以借鉴"小步子教学法"，把课程内容拆分成更小、更容易掌握的多个部分，每个部分采取不同的教学形式，如分别侧重采用讲授、提问、小组讨论、多媒体演示等形式，这样有助于防止学生疲劳、走神。

4. 鼓励积极参与

教师应当鼓励学生积极提问，表扬好的提问并引导全班同学讨论，把不太恰当的问题转化为有意义的问题进行回答。经常提问，不要仅点名学习好或积极举手的学生，而要让更多的学生参与回答。这样不仅有助于让学生保持清醒，而且能促进学生的理解和记忆。经常表扬学生的课堂参与，有助于激励学生在课堂上保持活力。

5. 提前觉察应对

发现学生普遍困倦时，教师可以及时改变课堂教学方式，不再讲授，而是下发练习让学生自己做，或者组织学生进行分组讨论。也可以带领学生做一些有身体放松效果的破冰运动、伸展活动等。如果学生是由于家庭作业过多而睡眠不足，则应协调各任课教师，统筹规划家庭作业所需的时间。

6. 用好休息时间

磨刀不误砍柴工。午休与课间休息是让学生放松充电的机会，有助于让学生"满血复活"。有条件的情况下要鼓励学生午间休息20～30分钟，特别是当学生在下午容易困倦时，午休就更加必要。在课间休息时间，让学生站起来伸展身体，或者做一些快速活动来调整注意力。

总的来说，"小步子，多活动，快反馈"的教学方式有助于调动学生积极性，预防学生上课困倦。教师自身对学科和教学的热情会感染学生，也有助于调动学生的学习热情。此外，面对学生上课睡觉的情况，教师的自我觉察与调整也非常重要。你会觉得学生上课睡觉是冒犯"师道尊严"吗？有时学生只是需要一段时间的调整适应，而小题大做则可能给学生过多压力。你会觉得只要不影响别人，即便上课睡觉也没关系吗？其实这样有可能忽视学生潜在的需要帮助的问题，教师需要以支持性的态度耐心地解决问题。

二、面向学生：做好睡眠健康教育

（一）什么是良好的睡眠

睡个好觉对身体、精神和情绪健康都至关重要。良好的睡眠可以改善情绪、认知功能、免疫系统功能，提高整体生活质量。可以从以下几个方面判断睡眠是否良好而充足。

首先，看看睡眠的效果如何。经过一夜良好的睡眠，醒来时应感到神清气爽、精力充沛、头脑清醒，准备好迎接新的一天，这是睡了个好觉的标志。如果醒来时感到疲倦或昏昏沉沉，则表明睡眠不佳。白天的认知与情绪状态也是评价睡眠效果的参考指标。例如，白天学习时都能保持专注和清醒，情绪积极和稳定，说明睡眠效果良好；反之，则可能受到了睡眠不足的影响。

其次，睡眠时间充足是良好睡眠的必备要素。大多数成年人每晚需要7～9小时的睡眠，而学生和青少年通常需要更多的睡眠，如8～10小时。每个人的睡眠需求可能不同，所以了解自己的身体需求是很重要的。

最后，睡个好觉不仅要看睡眠时长，还要看睡眠质量。高质量的睡眠包括相对较快地入睡（在30分钟或更短时间内），夜间深睡而不频繁醒来。相反，如果有睡眠障碍，如睡眠呼吸暂停、失眠或不宁腿综合征，则往往睡眠质量受到影响。

如果学生不清楚自己的睡眠习惯问题，使用睡眠日记或睡眠跟踪应用程序有助于监控睡眠模式，甚至可以为睡眠行为提供有价值的建议。如果存在睡眠困难或怀疑睡眠障碍，需要咨询医疗专业人员或睡眠专家，以获得进一步的评估和指导。

（二）形成良好的睡眠习惯

1. 在时间和空间上管理好睡眠

（1）遵循规律的作息时间。鼓励学生每天在同一时间就寝和起床，这样有助于建立稳定的生物钟。即使在周末也要如此，不要在周末更晚就寝、睡懒觉，那样会打乱身体节律，降低睡眠效率。

（2）不要太晚睡觉。虽然青少年更倾向于晚睡晚起，但保证充足的夜间睡眠对青少年健康成长非常重要。例如，生长激素只有在夜间深度睡眠状态下才能达到分泌高峰，白天补觉虽然可以减少困倦，但无法消除昼夜节律紊乱对身体健康造成的负面影响。

（3）不要在床上干别的。将床专门用于睡觉和休息，避免在床上看电视、玩手机或看书学习。换句话说，不睡觉不上床，一上床就睡觉。这样有助于建立床与睡眠之间的联系，使人更容易入睡。

2. 做好睡前准备

（1）晚餐适度进食。睡眠是全身心的休息，不要让肠胃仍处于高强度的工作状态。不要在睡前吃过多食物，特别是油腻、辛辣和高糖食物。这些食物可能导致消化不良和影响睡眠质量。

（2）避免过度兴奋。临近睡前的几小时内尽量不要剧烈运动、喝含咖啡因的饮料或参加让人兴奋的活动。这些活动让人心跳加快、神经兴奋，容易造成入睡困难。

（3）限制屏幕时间。在睡前至少1小时内不再使用屏幕，如手机、电脑、电视等。因为电子设备发出的蓝光会干扰褪黑素的产生，从而影响睡眠。

（4）放松身心：睡前安排一些活动让自己放松平静下来，并逐渐形成习惯。适合的睡前活动包括阅读、听轻音乐、练习深呼吸或正念练习等放松技巧。

3. 做好白天的安排

保障良好睡眠，功夫不仅要下在睡前，白天的安排有时甚至更加重要。睡眠需要放松状态，在睡前过于在意睡眠、过度努力反而不利于入睡。因此，对于已经出现睡眠问题的人，白天的积极努力尤为重要。这种努力主要包括身体和心理两方面。

（1）身体上：足够的活动量。在白天进行有规律的体育锻炼，充足的运动量有助于提高深度睡眠的比例。然而，睡前剧烈运动会让人兴奋而难以入睡，应当避免。

（2）心理上：积极解决问题。焦虑情绪是影响入睡的常见原因。如果白天逃避焦虑问题，晚上躺在床上空闲下来，各种烦恼担忧都会冒出来，让人难以安眠。因此，积极面对并用行动解决焦虑问题，夜晚才能安心入睡。即使有些问题不是一下子能解决的，当自己已经走在一步步解决的道路上，也会感到更加安心。

（三）创设有益的睡眠环境

许多人会忽视睡眠环境的影响，甚至会有一些不利于睡眠质量的习惯安排，如整夜开一盏小灯。尽管我们可能并不能明显感觉到环境对睡眠的影响，但其实它日复一日地影响着睡眠质量。创设舒适有益的睡眠环境可以显著提高青少年的睡眠质量。有益的睡眠环境有三大特征：黑暗、安静、凉爽。

（1）黑暗。当今城市光源过多，甚至夜如白昼，这会干扰人的昼夜节律。如果卧室的窗外有商场、写字楼的灯光或者路灯，建议使用全遮光窗帘。不要整夜开着灯，哪怕是很小的夜灯。如果怕黑难以入睡，可以开定时关闭的睡眠灯。如果有起夜的习惯，建议安装感应夜灯。如果多人同住，可以根据情况结合使用床帘和眼罩来遮挡光线。

（2）安静。卧室如果靠近噪声来源，可以安装隔音门窗。多人同住的情况下（室友打呼噜可能就是噪声的来源），可以使用隔音耳塞。白噪声可以"中和"环境中的噪声，也有助眠的作用。可以使用提供海浪声、雨声或其他白噪声的软件或设备播放，最好设定定时关闭。

（3）凉爽。太冷或太热都会影响睡眠，保持凉爽的室温，避免被褥过于厚重，以确保舒适的睡眠温度。

此外，卧室的装饰宜选择柔和的颜色，最好配备可调光的暖色灯具，避免因强烈的刺激而难以放松。将手机、笔记本电脑和电视等电子设备放在卧室之外，或者至少远离床，并尽可能保持关闭状态。研究显示，把没有关闭的手机带到床边后，超过 85％的人会在熄灯后使用手机，从而导致睡眠受到影响。

三、面向家长：与家长有效沟通

（一）如何与家长有效沟通孩子的睡眠问题

学生的睡眠行为常常发生在班主任能直接管理的时间之外，因此，当学生存在睡眠不足的问题时，如果是住校生，班主任应与生活教师或宿舍管理教师及时沟通，而如果是走读生，则需要与家长及时沟通。

与家长有效沟通孩子的睡眠问题，教师可以参考如下建议。

（1）做好心态准备。在与家长沟通之前，可以先问一问自己：我希望这次沟通达成什么目标？采用怎样的沟通方式有助于达成目标？我是否设身处地考虑过家长的感受？我对这个学生及其家长是否有任何成见或偏见？我是否具备倾听、理解这位家长的开放心态？

以支持、合作、共情的心态进行对话，教师可以更有效地与家长讨论学生的睡眠问题。

（2）预约时间。为了保障沟通的效果，不要直接打电话说："××家长吗？您的孩子最近上课常常睡觉……"如果家长当时不方便，谈话很可能会草草结束，于是有些家长会忽视问题或者简单粗暴地批评孩子，处理方式无效甚至有害。通过手机留言也不是好的沟通方式，因为留言常常是单向的，而且容易相互误解。建议提前与家长预约一段时间，如 15～20 分钟，面谈或电话交流都可以，提前预约时间有助于减少打扰，让沟通更有效。

（3）列出提纲。可以事先列出想要与家长沟通的要点，包括平时学生有哪些具体表现，想要询问家长哪些情况，希望与家长在哪些方面相互配合等。

（4）积极取向。通过强调学生的优点、成就来开始对话。这会让家长感受到教师的支持，也会让家长不那么"防备"。绝大多数家长在孩子受到批评时会感到自尊心受到了伤害，因此有些家长会认为教师小题大做，有些家长会反过来指责教师工作没做好，还有些家长会回家责骂孩子——这些都不是我们希望达到的沟通效果。先强调学生的优点与成就，可以向家长表明：你能全面地看待孩子——既有优点也有不足，你并不会因为孩子某些方面表现不好而否定他整个人，希望家长也是如此。

（5）提供信息。清楚而平静地说明自己在学生身上观察到的睡眠问题迹象，同时说明睡眠问题可能对学习成绩、情绪状态和整体健康产生的影响。尽管教师可能向学生和家长进行过睡眠健康教育，但有的家长也许仍然并不了解。

（6）讨论原因。向家长介绍可能影响睡眠的常见原因，如运动不足、情绪困扰、作息不规律、不良饮食习惯等。鼓励家长反思孩子的生活方式，并考虑这些因素是否会导致孩子的睡眠问题。

（7）提供建议。在共同讨论的基础上，为家长提供一些改善睡眠的建议。例如，建立规律的睡眠时间，创设良好的睡眠环境，让孩子在睡前使用放松技巧等。如果孩子的失眠情况严重或可能伴有心理疾病，鼓励家长及时咨询专业人员。

（8）保持沟通。让家长知道，如果有任何问题、担忧或关于孩子睡眠的最新情况，都可以联系你。也可以约定定期沟通的频率。这样有助于相互交流情况的变化，并促进与家长的合作关系。

（二）如何支持家长管理孩子的屏幕时间

教师在留作业、收作业、通知学生、提供资料等方面的安排会直接影响学生使用手机的频率和时长。对于出现手机沉迷的学生，教师应尽可能在学习活动安排中避免要求学生使用手机。与此同时，教师可以为家长提供支持和指导，协助家长管理孩子的屏幕时间。教师可以提供的帮助如下。

（1）明确孩子是否需要使用手机。明确告知家长在哪些情况下、在哪些时间段孩子需要使用手机查收学校通知，完成与提交学习任务。避免孩子无限制地以学习为借口使用手机。因此，与向家长告知孩子何时需要使用手机同样重要的是，让家长知道孩子不必使用手机的时间段。

（2）建议家长限制屏幕时间。建议家长与孩子讨论后明确限定每天的屏幕时间，根据年龄和学业安排可以在 20 分钟、30 分钟或 60 分钟不等。除了时长的限制，还应结合时间段、空间区域的限制。例如，不可在睡前1 小时内使用手机，不可躺在床上看手机等。明确的规则有利于学生的自我监控和自我管理。

（3）帮助家长掌握有关技术。使用技术手段协助管理手机使用，不仅比家长人工监控更精确，而且有利于家长的情绪管理。虽然这些技术并不复杂，但很多家长并未了解和掌握。例如，"家长控制"功能、"青少年模式"、专门用于管理手机使用内容和时间的应用程序等。教师可以在家长会上或从家长学校中邀请技术专家来讲授答疑，并推荐分享有关资源。

（4）提醒家长不要轻易授权。提醒家长不要轻易把自己的手机功能全面交给孩子使用，包括应用程序下载、网站访问、各种密码等。这是因为家长的身份是成年人，通常可访问的范围远大于青少年，如果孩子使用家长的手机，在访问程序和网站时的保护常常不足。同时，也有必要防范青少年因误操作或一时冲动而造成经济损失。特别需要提醒的是，家长不要提供自己的身份证号让孩子用来注册游戏。根据 2021 年教育部办公厅等六部门发布的《关于进一步加强预防中小学生沉迷网络游戏管理工作的通知》，"网络游戏企业可在周五、周六、周日和法定节假日每日 20 时至 21时，向中小学生提供 1 小时网络游戏服务，其他时间不得以任何形式向中小学生提供网络游戏服务"。但如果学生以家长身份注册游戏，则无法获得这种保护。

（5）倡议家长与孩子签署协议。倡导家长与孩子就屏幕使用进行讨论，制定使用协议，包括设定屏幕时间使用的规则、违背规则如何处理等；鼓励孩子参与决策过程，培养主人翁意识和责任感；书面记录讨论过程与结果并签署协议，这样每个人都明确规则是什么，就能避免混淆或误解。

(6)为家长提供情绪支持。家长可能因为手机管理而与孩子发生冲突，导致效果适得其反。遇到这种情况，教师要通过共情、倾听的方式为家长提供心理支持，帮助家长缓解情绪；与此同时，也可与家长共同讨论问题解决的各种方法，让家长重新拥有希望和信心。

(7)建议家长多带孩子开展替代活动。建议家长带孩子开展一些有吸引力的、没有屏幕的活动作为替代，如户外游戏，音乐、绘画活动，体育运动或家庭郊游等。学生沉溺手机，常常有孤独、逃避现实压力的心态，开展更多的家庭活动，有利于加强亲子联系，帮助孩子减少情绪困扰。此外，在开展共同活动时，家长也要限制自己的屏幕时间，做孩子的榜样。

(三)从假期到开学：如何让孩子调整好作息时间

长假会打乱学生的睡眠规律，导致学生在开学后很难适应学校作息。教师需要提前与家长、学生联系，提醒学生调整睡眠模式，早睡早起，为上学做准备。教师可以向家长提供以下建议。

(1)提前调整，循序渐进。在开学前两周，开始逐步调整孩子作息时间。鼓励孩子每天将就寝和起床时间提前15～30分钟，直到达到理想的时间表。这种循序渐进的方法可以让孩子的生物钟调整得更顺畅。

(2)早晨出门，沐浴阳光。鼓励孩子早晨到室外去锻炼或散步，接受自然的阳光照射。阳光暴露有助于调节昼夜节律，让孩子早上更容易充分清醒。

(3)保持一致，耐心鼓励。即使在周末也要坚持新的作息时间，这样有助于巩固习惯，使孩子更容易适应学校作息。同时家长要有耐心，因为孩子适应新的作息需要时间，所以要耐心并给予鼓励，看到孩子的努力与进步。

(4)加强运动。一些学生在假期很"宅"，缺乏运动，睡眠质量不佳。因此在调整孩子的作息时间时，要注意让孩子逐步恢复运动量。这样既有利于睡眠，也有利于开学后适应学校体育活动的要求。

(5)限制睡前屏幕时间。鼓励孩子在睡前至少1小时内远离屏幕，不仅因为电子设备发出的蓝光会干扰褪黑素的产生，而且因为使用手机的时候容易失去时间感，导致晚睡。

（6）积极解决返校焦虑问题。学生可能对返校感到焦虑，进而影响睡眠。家长可以与孩子讨论并提供支持，如更好地规划时间完成假期作业，减少与同学交往的紧张感等。

（7）建立适宜的家庭作息。家庭习惯对孩子的作息调整也有很大影响。家长要尽量早睡早起，养成健康的睡眠习惯，避免自身熬夜给孩子造成不利影响。

6. 学生患有强迫症

最近，高中一年级三班的班主任赵老师发现，小张同学做事总是心不在焉，完成学习任务需要花非常长的时间，做作业时会反复擦掉、涂改，放学时会反复检查、整理自己的书包和书桌，感觉她的状态不太对劲。

赵老师给小张同学的家长打电话沟通情况后才知道，她患了强迫症，已经在精神专科医院确诊了。对此，家长愁眉不展，不知如何处理才好，希望老师帮忙出主意。

赵老师之前没有遇到过这种情况，心里犯了难，学生患了强迫症，怎么处理才能帮助学生更好地康复呢？

一、如何更好地理解和支持患有强迫症的学生

（一）了解强迫症的症状表现

理解是关爱的基础。教师首先要理解强迫症的症状。虽然每个强迫症患者的症状有其特殊性，但强迫症作为一类心理疾病又有其共性。强迫症的典型特征是反复出现、不受主观意愿控制的强迫观念或强迫行为——合称强迫症状。强迫症状往往会严重消耗患病学生的时间和精力，干扰其学校适应。患有强迫症的学生常常具有完美主义倾向，持续重复某些行为，特别是仪式行为。所谓仪式行为，指的是以固定的流程、方式进行的一组行为，如必须按某种方式踏过地上的方砖，或者每当感到不安时就要把一句话在心里默念三遍，否则就认为会有不幸的事情发生。强迫症的常见症状包括清洁、检查、秩序、禁忌思维四类，参见《速查手册》"当学生做事特别慢时"一章。

强迫症可能与很多心理疾病共病。患有强迫症的学生可能同时存在的问题包括抑郁、焦虑、过度敏感、人际关系问题、自卑、担心自己发疯

等，有时甚至可能出现自杀倾向。

除了心理症状，患有强迫症的学生还会出现各种日常学习生活的问题，如缺课、违反课堂纪律、被其他同学排斥、由于耗费大量时间从事强迫行为而无法完成学习任务等。

（二）及早识别强迫症的迹象

教师在课堂上识别出患有强迫症的学生并不容易，因为强迫症的烦恼是内隐的，很多强迫症患者虽然有强迫行为，但是往往希望隐藏起来不让人知道。所以，教师可能观察到学生心不在焉，或压力很大，有时也会观察到强迫症状的迹象。患有强迫症的学生可能表现出如下行为：

- 同一个问题反复问很多遍。
- 反复擦掉作业或者考题重写。
- 反复阅读同一段文字或题目。
- 在作业或考试中刻意遗漏或回避某些数字。
- 用某种特殊的方式敲打、踩踏或触摸某些东西。
- 反复检查、整理自己的书包或书桌。
- 反复洗手，甚至造成皮肤开裂。
- 很难做决定和选择。
- 常常说"我不知道"。
- 完成学习任务需要花非常长的时间。
- 避免触摸其他人可能碰过的地方，如门把手、桌子、实验设备、键盘、餐盘等。
- 拒绝与他人分享物品。
- 避免参与可能出现身体接触的游戏或运动。
- 避免使用公共洗手间。
- 拒绝在餐厅用餐。

教师如果注意到一些强迫症的迹象，并且发现这影响了学生的学校适应，首先可以尝试与这个学生一对一地聊一聊，采取支持性的态度，告诉学生自己观察到了什么，并表达帮助的意愿。例如，可以说："最近我看到你花很长时间反复检查你做的题目，所以完成得特别慢，这一定给你带来了很多烦恼，我能怎样帮你呢?"其次也可以与学生家长聊一聊，以便更多地了解这个学生的情况。可以告知家长在学校观察到的情况，并且询问家长的想法。

(三)理解强迫症的病因机制

强迫症是"情绪—行为—认知"的一组恶性循环。如图 6-1 所示，强迫症患者感到焦虑，于是采取强迫行为，继而获得情绪缓解，但很快不良认知或强迫观念重又浮现，再次陷入焦虑……患者就这样在无休止的循环中消耗大量的时间和精力。

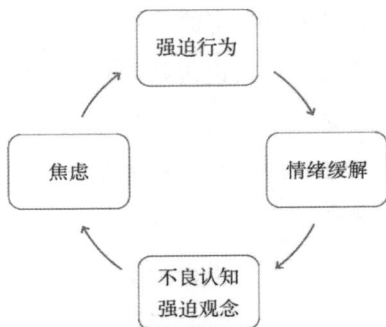

图 6-1　强迫症的病因机制

强迫症的起因是焦虑。强迫症患者采取仪式行为以求缓解焦虑，然而这种方式是饮鸩止渴。患者当时可能通过重复的仪式行为(如洗手)来减轻焦虑，但是焦虑根源并没有真正消除，因此很快又会再度焦虑。而且，这种仪式行为消耗了太多的时间，干扰了学习和生活，反而带来更大的压力。理解了这一点，教师就会知道，在帮助患有强迫症的学生时，需要考虑的重点之一就是如何为他们提供一个压力更少的环境，帮助患病学生减少焦虑。

强迫症的核心问题是用不当的方式即仪式行为应对焦虑。患者采取仪式行为虽然不能真正解决问题、消除焦虑根源，但在做出行为时减轻了焦虑，导致这种行为得到了负强化，以后更可能出现。教师在提供支持的时候，需要让学生学会用更健康适宜的方式应对焦虑，而不能只单纯追求让学生减压，不考虑采取的方式是否有问题。在对强迫症的病因机制缺乏理解时，一些家长与教师在支持患病学生时会给予其大量安慰和保证，这种好意反而促成了一种新的仪式行为：学生自我调节、应对压力的能力并没有提高，一旦焦虑水平上升，就依赖于他人的反复安慰保证。

(四)恰当支持患有强迫症的学生

基于对强迫症病因机制的理解，请思考一个问题：对患有强迫症的学生是否仍要有一定的纪律和要求？答案是：要。因为我们要以恰当的方式推动学生直面压力，与此同时又要注意避免压力过载。可以说，在正确的做法和错误的做法之间，只有一条窄窄的分界线。

为什么要对强迫症患者提供一定的限制和要求？

事实上，强迫症的治疗就包括设定限制。强迫症的推荐治疗方法是暴露法与反应阻止。所谓暴露法，指的是让患者面对引发焦虑的事物，包括外界事物和内心观念。所谓反应阻止，指的是患者在焦虑时会情不自禁地想要采取仪式行为，在治疗中需要阻止这种行为反应。例如，患者想到自己手上有病菌，感到焦虑不安，很想去洗手，反应阻止则是要求他忍受这种不适，坚持不去洗手。这一做法的原理在于切断强迫症的病态循环。患者长时间坚持面对和承受焦虑，就会发生习惯化作用，焦虑水平逐渐降低。由此，患者从自身体验中学到一种新的应对焦虑的方法，即应对焦虑并不是必须去做什么，即使什么都不做，焦虑也会逐渐减轻。

当强迫症患者产生强烈的强迫冲动时，身边的家人、教师、朋友要支持他，也会承受一定的冲击。此时患者会感到强烈的焦虑不安，可能情绪暴躁、行为激烈。身边的人要以平静而稳定的态度来承受。与此同时，还要注意，改变的前提是：患者理解了这种方法的原理，并愿意主动做出努力。身边的人与患者的关系并不是控制管束，而是支持关心。如果滥用各种约束，教师与学生之间就不再是爱与支持的关系，而更可能是控制甚至对抗的关系。这种关系处理不当反而会增加学生的压力，使他从事强迫行为的冲动更加强烈。

知识链接

提供保证和安慰的害处

患有强迫症的学生可能会不断寻求各种安慰和保证。例如，一名学生非常害怕病菌，担心自己感染上致命的传染病，于是，他不断地询问教师和同学自己是不是可能沾染了病菌。又如，因为担心自己会无意中伤害别人（这是一种强迫思维），一名学生会反复向周围的人确认，自己是否伤害了其他人。

出于焦虑，患有强迫症的学生会反复多次寻求安慰和保证。周围的人可能会发现，只要给予足够的保证，强迫症患者就会有片刻的安宁，但不久又重新需要安慰和保证。也许有人会认为，不厌其烦地给予安慰和保证是一种帮助，能让强迫症患者舒服一些。表面上看起来似乎如此，但事实上，提供安慰和保证是在强化强迫症患者的仪式行为。回想一下强迫症的"焦虑—强迫行为—情绪缓解"的循环，此时则表现为"焦虑—寻求安慰—获得安慰—情绪缓解"的循环。不断给予患者安慰和保证，并不能帮助他提高觉察和改善自己处境的能力，只是参与了他的强迫行为。提供安慰和保证对于强迫症患者而言是弊大于利的。这也提醒我们，爱需要科学和智慧的引领。

教师不仅自己要注意避免好心办坏事，而且要让家长知晓提供保证和安慰的害处。许多患有强迫症的学生会让家长参与他们的强迫行为，如让家长帮助反复清洁、配合家里物品的摆放，或提供过度的保证。家长可能会为了缓解孩子的暴躁情绪，一遍又一遍地告诉孩子，他们的手是干净的，或者不会发生什么不幸。家长一边被迫参与，一边感到厌烦、无助。教师可以提醒家长：不应参与孩子的强迫行为，也不应继续提供安慰。因为，从长远来看，这对减轻孩子的强迫症状弊大于利。

（五）了解学生的个人特点

帮助强迫症患者的一个难点在于强迫症状非常多样，并且一个人的症状还可能会不断变化，所以有效的支持必须针对个体的特点。为了更好地帮助患有强迫症的学生，教师需要对这名学生有更多了解。强迫症不仅表现多样，而且其背后的恐惧和担忧各有不同。教师可以通过与曾经教过这名学生的其他教师交流，了解这名学生在学校和课堂上可能会有哪些表现；也可以与这名学生的家长交流，了解学生的成长经历、过去曾经出现过的情况以及在家里出现的行为问题。可以考虑询问下列问题：

- 这名学生身上有哪些特点？
- 他会做出什么样的强迫行为？
- 他是从什么时候开始出现这些行为的？
- 哪些环境或情况有可能会使他格外焦虑，症状加重？
- 在哪些情况下他较少出现强迫行为？
- 当他做出强迫行为之后，接下来通常会发生什么？
- 他曾经寻求和得到过哪些帮助？

教师要避免对患病学生产生偏见。强迫症并不意味着智力低下，很多患有强迫症的学生智商在平均水平或者在平均以上，因此他们与其他学生一样具有学习的潜力。但是强迫症状可能极大地干扰他的学习，导致他的学习表现不佳，并未真正表现出自己的潜力。

二、创设有益的学校环境

在帮助患有强迫症的学生时，重点在于如何提供一个压力更小的支持性环境。但与此同时，教师也需要知道，心理疾病并不是特殊待遇的通行证。也就是说，在照顾患有心理疾病的学生时，要具备对个体差异的尊重、对个人痛苦的同情，但是并不能违背公平的原则。如果违背公平，一味地对患有心理疾病的学生降低学习要求和纪律要求，那么，无论是对患病学生本人的心理健康还是对整个班级的管理都是有害的。患病学生可能会捕捉到教师对自己的"偏爱",从而有意无意地夸大疾病症状,以谋求更多的特殊待遇。对班级管理而言,不公平的班级氛围会让其他学生感到失望,也会损害其他学生对教师的信任和对规则的尊重。

(一)灵活的教学安排

1. 积极恰当的课堂教学

对于患有强迫症的学生而言,如果教学方式能唤起他的兴趣,会提升他的积极情绪,并促使他积极参与课堂。提升积极情绪的方法还包括表扬学生的课堂行为,但不包括提供安慰和保证。教师不要回应学生寻求保证的要求,而要让学生的注意力回到当前课堂任务中,让学生在过程中慢慢意识到过多的担忧是不必要的。学生的状态可能因为课堂内外的各种情况而起伏波动,如果学生的问题加重,干扰学习状态,可以允许他暂时休息一下。

2. 提供更灵活的作业要求

(1)给予更多的作业时间。患有强迫症的学生,有些会将作业反复地擦掉又重写,有些会反复检查自己的作业,他们完成作业任务可能需要更多的时间。

(2)调整提交作业的方式。对于在书写方面反复纠结的学生,可以允许他们使用口头方式、录音方式或用电脑语音录入辅助完成作业。

(3)提供更多指导和帮助。为患病学生提供课堂讲授内容的提纲、简要的作业指导,并且将复杂的作业分解成小段,让学生逐段完成。通过给予学生额外的帮助,促进其学习任务的完成。

3. 调整适合的考试安排

患有强迫症学生会由于强迫症状的干扰而无法在考试中发挥真实的水平,因此,在不影响考试公平的情况下,教育部门应根据患病学生的情况提供更适合的考试安排,尽量让学生感到放松,而不是感到更大的压力。例如,为患病学生安排单独的考试房间,或者更安静的考试环境;允许患病学生有较长的时间完成考试;允许以口试等其他方式考查患病学生所掌握的知识等。

（二）积极的日常班级管理

1. 明确传达规则和流程

患有强迫症的学生常常更需要确定性和秩序感，因此教师在班级管理中要建立和传达明确的规则，当然，这不仅仅有助于患病学生，对全班学生而言都是有益的。具体做法包括：向学生清晰明确地说明规则，经常重申规则，提供清晰的流程，让学生遵循按部就班的步骤等。

患有强迫症的学生更难适应灵活调整，因此更早地提前了解规则与流程，让他具有更清晰明确的预期，有助于减轻他的情绪压力。如果流程需要改变，尽可能提前给他提示，同时需要理解，患有强迫症的学生常常很难快速切换到新的任务中。患有强迫症的学生容易关注消极内容，进而感到焦虑，因此在描述规则的时候，尽量侧重积极正向的描述。

2. 尊重个性化需求——以座位安排为例

座位安排会对学校日常生活造成影响，教师需要根据患有强迫症学生的不同特点来安排适合他的座位。有的患病学生更适合坐在教室前排，因为他们容易被各种信号干扰而激发强迫症状，坐在前排有利于减少干扰、减低焦虑。相反，有的患病学生对他人的注视非常敏感，常常担心别人在注视自己，特别是担心自己的强迫行为被人看到，将他们安排在教室偏后的角落，才会使他们感到更安全。总之，如果患病学生需要教师更多的支持和管理，将其安排在教室前排更加适合；而如果患病学生的强迫行为干扰到了课堂上的其他学生，可以考虑将其安排在教室靠后不易影响他人的位置。

3. 不要批评强迫行为

仅仅告诉强迫症患者他们应该停止自己的强迫行为是没有用的。通常强迫症患者可以意识到自己的问题，他们想要停止强迫行为，但因为无法停止而非常痛苦。患者在焦虑的情况下常常产生更强烈的从事强迫行为的冲动。教师在进行班级管理时应促进强迫症患者的平静放松，因为压力会导致强迫症状的加重。教师不应因为学生的强迫行为而惩罚学生，这非但不会起到作用，反而往往会加重强迫症状。教师对失败、失误的接纳会成为正面示范，有助于减轻学生的焦虑。

4. 约定"紧急撤离"暗号

患有强迫症的学生有时可能在课堂上感到强烈的不安，因而很难控制强迫冲动。教师在教学的同时很难一对一帮助患病学生，此时可以让他暂时离开教室，去一个他感到安全放松的地方，如学校心理咨询室、有其他教师陪伴的办公室等。但是，如果患病学生已经出现了干扰课堂的症状行为，教师单方面的临时决定常常可能让患病学生本人及其他同学认为这是一种惩罚。更好的做法是提前与患病学生约定一个暗号，当患病学生给出这个暗号的时候，教师允许他"紧急撤离"到安全的地方调整自己，避免患病学生由于情绪和症状的爆发而干扰整个课堂。

（三）建设包容的班级环境

1. 培养尊重个体差异的班级氛围

教师要培养尊重个体差异、平等对待各有特点的同学的班级氛围，促进学生理解他人与自己不同的需要。就像近视的同学需要眼镜辅助他们更好地适应学习生活一样，存在心理问题的同学也需要各种辅助。同学们有不同的个性和行为特征，也会有压力下的各种不同反应。强迫症状并不是患病学生自己选择的，而是他在焦虑下的一种心理行为反应机制。教师可引导学生理解并尊重强迫症患者的需求。例如，一名患有强迫症的学生恐惧病菌，非常排斥身体接触，教师应解释并告诉全班同学尊重他与人保持身体距离的需要。

2. 促进学生知晓和理解强迫症

教师应提高学生的心理健康素养，促进学生了解心理疾病的识别、预防和治疗知识。通过心理课、班会课、科普活动等让学生了解什么是强迫症，如何科学应对强迫症。可以邀请学校心理教师、区县心理教研员、心理专家、精神科医生等开展主题讲座，为学生推荐线上科普资源，并在此基础上组织学生进行知识共享与讨论。

3. 加强同伴支持

教师可以为患有强迫症的学生安排更强的同伴支持，如专门安排一名同伴协助他。可以让同伴坐在患病学生旁边，协助、指点、鼓励他。例如，当患病学生做课堂笔记有困难时，同伴可以分享自己的笔记。

此外，教师也可以与患病学生一起列出社会支持清单，在清单上列出患病学生在感到压力巨大时可以去求助或倾诉的人。

知识链接

患有强迫症的学生的心声

一名学生与强迫症斗争了多年，他希望告诉教师怎样可以更好地帮助患有强迫症的学生。

第一，主动学习。强迫症常常被误解和污名化，希望教师可以通过科学的资料来源了解什么是强迫症。请理解强迫症的表现形式多种多样，每个患病学生的需要也是不同的。

第二，理解强迫症状并不是学生的错。这些症状让教师感到费解、挫败甚至生气，但是请教师不要批评学生，而是要理解学生此时被焦虑所控制。强迫症状也令学生感到痛苦，然而学生自己却无法消除。如果教师希望学生停止强迫行为，而学生无法做到，请教师不要发火。

第三，不要误解学生是不遵守纪律。患有强迫症的学生想要集中注意力，但有时无法做到。学生注意力不集中的时候，常常是受到焦虑干扰，大脑在永无休止地挣扎，而不是不想遵守纪律。

第四，如果真的想帮助学生，不要向学生提供安慰和保证，因为寻求他人的安慰和保证，本身就是强迫症患者的一种有害的强迫行为。虽然教师觉得这样做是安抚了学生，但事实上是在加重强迫症的恶性循环。

第五，保持关心和耐心。强迫症患者会觉得自己是家人和朋友的负担，希望教师不要也表现出强迫症学生是自己的负担。

第六，教给学生一些有效的学习策略，帮助学生更好地适应学习。

三、促进和利用有益的家庭环境

（一）建议家长带孩子寻求专业评估与治疗

强迫症需要专业的诊断和治疗，而且越早识别、越早治疗，效果越好，因此教师对家长最重要的支持是让家长了解孩子的情况，并且寻求专业评估与治疗。许多教师对于如何沟通这个问题感到困难，甚至抱怨家长不愿意承认自己的孩子患病。需要理解家长很难接受自己孩子患有心理疾病的事实，这部分是由于心理疾病仍然被"污名化"，同时也由于家长会认为孩子患病意味着自己的失败。此外，家长的一些现实担忧也并非毫无根据。尽管可能会遇到这些困难，教师仍然需要尽早与家长沟通，在沟通中遵循"积极而具体"的原则。

积极原则指的是在负面信息的前后要加上积极的信息。例如，不要说"您的孩子反复纠缠于一些细节，很多学习任务无法按时完成，如果您不带他去看医生，我很担心他无法再正常就读"，而要说：

"您的孩子学习态度非常认真，做事很有责任感。不过，这学期他的一些变化让我担心，例如，他会反复检查他的练习册、书包，上课时心不在焉，这明显干扰了他的学习。我和他谈过了这些情况，我感觉他很希望努力学习和遵守纪律，但是无法控制自己的一些行为。为了更准确地判断他目前的困难，希望您能尽快带他看医生评估一下。如果孩子能得到及时的评估和帮助，我相信他会很快调整过来，更好发挥自己的能力。"

具体原则指的是明确说出你希望家长做些什么。例如，不要说"孩子不能再这样下去了"或者"您要关注这个问题"，而要说"希望您能尽快带他看医生评估一下"。如果学校与医疗系统搭建了绿色通道，教师也可以给家长提供具体的就医信息。

📋 知识链接

暴露与反应阻止疗法

暴露与反应阻止疗法（Exposure and Response Prevention）是治疗强迫症的推荐方法。它包括两步：第一步是暴露阶段，即故意让患者直接接触到通常会引发恐惧、焦虑、痛苦、强迫思维或强迫行为的刺激（如细菌、公共场所、电梯等），也就是说，怕什么就直面什么。第二步是反应阻止阶段，即在暴露阶段产生恐惧、焦虑、痛苦等感受后，避免通过脑海中或者是行为上的仪式行为寻求缓解。例如，有的患者担心病菌感染，如果在公共场所触摸门把手，就会担心自己感染了细菌，于是反复洗手到发红疼痛的程度。使用暴露与反应阻止疗法时，心理治疗师会要求患者握住公共场所的门把手，然后不要立即洗手，这个忍受的时间长度随着治疗进展而增加。同时，让患者学会只有在必要时轻轻洗手，而不再强迫性地擦洗。

暴露与反应阻止疗法的原理是习惯化过程，即反复安全地暴露于触发刺激后，人会逐渐适应，刺激引起的焦虑等反应会变弱。面对自己恐惧、焦虑的事情是需要勇气的，而反应阻止阶段更为难熬。但随着一次次面对越来越不舒服的刺激，患者获得了耐受焦虑的能力，发现自己不必做出仪式行为焦虑也会缓解，从而逐渐走出强迫症状的循环。

暴露与反应阻止疗法可能需要十几次疗程或更长时间。在全面评估后，心理治疗师指导患者逐步暴露于引发强迫症状的对象、情境、心理意象或其他刺激。治疗通常在心理治疗室内进行，但也可能会前往通常引起症状的地点实地练习。后期，心理治疗师也会指导患者自己练习。

森田疗法

森田疗法是日本心理学家森田正马创立的一种疗法，适用于强迫症等神经症的治疗。森田疗法的核心理念是"顺其自然，为所当为"。森田疗法鼓励患者接受强迫症的症状，而不是试图消除或控制症状。"对待不安应既来之则安之"，"对情绪要顺其自然"。与此同时，要着眼于自己的目的去做应该做的事情。森田疗法帮助患者把注意力从消极的思维和行为模式转移到生活中更有意义的事物上，如学习、家庭、朋友和兴趣爱好等。

森田疗法提出"外表自然，内心健康"。意思是说，像健康人一样生活就能健康起来。患者总是希望先消除症状、改善情绪，再恢复到健康的生活，这样做永远都无法拥有健康人的生活。对情绪不予理睬，首先要像健康人一样去行动，这样，情绪自然就变成健康的情绪。应用顺其自然的法则，可以帮助强迫症患者减少在症状中消耗大量的时间和精力。

森田疗法强调关注当下，并采取积极的行动。鼓励患者将精力投入有意义的活动中，如参加课外活动、志愿者服务或练习一项运动。通过积极参与，患者可以提高自信，减轻强迫症状。

森田正马还说，"鸟儿在我们头上飞过，我们无法拒绝，但如果它要在我的头上做巢，我可以断然拒绝"。这句话提示我们，人的头脑中会闪过各种想法，我们无法完全控制和预防。但是，人可以选择是否长时间关注这些想法，沉溺在这些想法的影响中。这句话对于减轻强迫思维的影响很有启发。

（二）分享科学的家庭教育方式

教师可以获得更多有关强迫症的科学知识，并将这些资源分享给家长，也可以直接和家长分享一些知识要点，给予家庭教育指导。例如，患有强迫症的学生在写作业时往往会反复擦掉重写或者反复检查，显得非常磨蹭，因此许多家长会情不自禁地催促孩子。教师可以让家长了解催促可能导致的不良效果：催促通常只能起到短期表面的效果，甚至很多时候催促只是让家长有一定的控制感，觉得自己至少做了点什么，但对于问题的改善并没有真正的效果。如果学生做作业慢的原因是强迫倾向，我们需要理解强迫倾向背后主要是焦虑。催促并不能缓解焦虑，反而会加重焦虑，因此也就无益于解决强迫症状导致的磨蹭，甚至会越催越慢。

（三）保持家校合作

良好的家校合作有助于患病学生得到更好的支持。教师应与学生家长保持联系，与家长经常进行电话沟通，了解学生的症状变化、治疗方案的调整、药物副作用等方面的情况，同时让家长了解学生在学校的情况、学校提供的帮助等。当孩子患病和接受治疗时，家长常常感到担忧、沮丧、疲惫，教师在与家长沟通时不仅要关注事实信息，而且要注重鼓励和支持家长的情绪。

7. 学生感到自卑

七年级五班正在召开心理班会，邀请每一名同学谈一谈对自己的认识。其中一些同学的发言引起了班主任李老师的关注，例如：

"我成绩不好，天生没有学习 DNA，不知道出路在哪里……"

"我，我，不会说话，常惹人讨厌……"

"我太胖了，什么优点都没有……"

"我家里条件不好，什么都比不过别人……"

李老师发现，他们的表达呈现出一种共性的特点，就是感到自卑，没有自信。对此，李老师开始思考，针对自卑的学生，怎样做才能帮助到他们呢？

学生有时感到自身存在不足是正常的，可能会成为他更加努力的"催化剂"。但是，学生对自己的评价过于低于现实时，可能会陷入"自卑情结"不能自拔，从而难以发挥自己的能力，无法实现自己的目标，甚至导致心理行为问题(参见《速查手册》"当学生感到自卑时"一章)。如果你的学生正在与自卑感作斗争，我们可以尝试做一些努力，以帮助学生对抗消极信念，改善对自己的看法。

一、鼓励和引导自卑的学生

我们相信，克服自卑与树立自信是一种可以通过不断培养来提高的能力，在这个过程中，教师可以为学生提供一些积极的帮助。

(一)为学生提供支持和鼓励

学生陷入自卑的情绪"旋涡"时，往往会存在一些自我评价过低的问题，此时，教师提供一些支持和鼓励，并帮助他以更客观全面的眼光看待自己是很重要的。虽然他现在还没有取得成绩，但他仍然努力着，坚持着，没有放弃。当教师把看到的积极面反馈给学生，给予认可与肯定时，学生感受到被支持和关心，就可能会更有克服不足的勇气。例如：

"每个人都是独一无二的，都有长处和不足，重要的是发挥出自己独特的能力。"

"一时成败不能代表自己的全部，很多事情通过努力是可以改变的。"

"你并没有放弃，不是吗？加油，老师支持你！"

"我知道那并不容易，沉住气，相信你能行！"

（二）帮助学生识别自己的优势

当一个学生感到自卑时，他会觉得自己与同龄人不同，会把自己的注意力过度集中到自己欠缺的地方，如同"一滴墨水把整张纸都破坏了"，从而很难相信自己。帮助他看到自己的独特之处、自己的长处，有了正确的方向和支持，相信他可以改善自己。例如：

"咦，你的这首歌唱得真好听！"

"听说你喜欢打羽毛球，真不错！"

"我感受到了你性格中坚韧的那部分，让老师挺感动的。"

"你把这件事情说得挺清晰的，我一下子就明白了。"

（三）为学生提供展示自己的空间

有的学生可能会有一些明显的特点，甚至看起来是缺点，如爱说话、好动、喜欢乱涂乱画，等等。但是换一个角度、换一种场景来看，说不定会成为优势。例如，一个爱说话的学生可能会成为班级的优秀"外交大使"，一个非常有艺术气息的学生可以为班级创作精美的黑板报，年龄大一点的学生可以照顾小一点的学生，一个坐着有困难的学生可以负责在教室中传递信息，一个体重大的学生可以参加拔河比赛，等等。赋予学生这样的责任可以帮助他们感受到自己的价值，并为他人和班集体作出重要贡献。

（四）尝试激活学生内心的愿望

学生对生活、对学习感到迷茫、不知所措时，会加重自卑的感觉。此时，教师可以引导学生梳理自己的目标，然后，一起坐下来讨论他如何努力才能实现这些目标。帮助学生树立一个他自己选择的目标，并且愿意坚持，愿意为之而努力，这有助于克服自卑感。例如：

- 期望交到一个好朋友。
- 期望学会唱一首歌。
- 期望通过健身把体重降下来 5 千克。
- 期望历史课的成绩提高到 80 分以上。
- 期望减少与人冲突的次数。

（五）鼓励学生真实地表达自己

有时，当学生陷入消极情绪时，得到他人的理解是有好处的。教师可以主动向不爱表达的学生表示自己的担忧，告诉他获得人际支持是有效解决问题的办法，真实地表达自己并不可耻。鼓励他向信任的人说出自己所经历的、所感受的，从而增强他的信心，帮助他更好地生活。例如：

"和好朋友也分享一下自己的感受吧。"

"和爸爸妈妈交流一下这件事情好吗？"

"可以跟老师说说吗？"

学生认识到自己存在的问题可以与家人、朋友、教师一起面对，是解决问题的一个很好的开端。

（六）发现学生的潜能，避免过多主动地帮助

在学生克服自卑的过程中，有时过强的外部动机会损害他的内在动力。对此，教师需要相信每一个学生天生就有克服自卑、自我实现的潜能，尽可能地维护他的自主性，为他提供自主选择、自主行动的空间。尽管有些事情看上去学生很难完成，但他仍然是有机会成功的。此时，教师要控制一下主动帮助学生的热心肠，让学生自主地去尝试。如果教师认为学生在某方面存在不足，太过热情主动地帮助可能引起他的尴尬，更会让

他感觉自己无能。对此，要注意：

- 允许学生犯错，不断地试错是走向成功的重要途径。
- 允许学生以他自己的方式行动，哪怕看上去是南辕北辙。

成长的路径不止一条，每一个人都有自己的路径，即使他看起来走得很笨拙、很缓慢，也可能是当下最适合他自己的路径。

- 允许学生时常表现出悲伤、抱怨、消极的情绪，因为克服自卑、寻求意义的过程从来就不是快乐、轻松的。

（七）建议学生寻求心理专业人员的辅导

很多患有心理疾病的人存在一定程度的自卑情结，自卑的学生也更容易出现心理疾病，如抑郁、焦虑等(参见《速查手册》"当学生感到自卑时"一章)。因此，如果教师发现学生出现了一些心理症状，如大部分时间情绪低落、兴趣缺乏、做事没有精神，严厉地自我批评或消极地自言自语等，那么这时仅仅依靠教师的鼓励和引导已不足以让学生克服自卑，需要建议学生向心理专业人员求助。例如：

- 找学校的心理教师谈一谈。
- 找一位心理咨询师聊一聊。

☑ 知识链接

引起学生自卑的常见认识误区与现实状况

生活中有许多因素令学生对自我与现实世界的理解不那么准确，甚至产生认识误区。每一个人对世界的认识都是有限的，都不同程度地存在着认识误区。认识误区与现实状况的偏差较小时，不会对心理产生大的影响。但是，当偏差达到一定程度，对自我评价过低，甚至脱离现实时，人就会变得自卑，产生心理痛苦。

1. 学业自卑

常见的认识误区：

(1)我天生就不是学习的料。

(2)同样内容，别人背记只要5分钟，而我要1小时，我就是比别人笨。

(3)我已经掉队了，再怎么追也来不及了。

对应的现实状况：

(1)正常的学生，彼此之间的智力差异不大，总体学习能力也是差不多的。

(2)每一个人有效的学习方式可能不同，有的阅读更有效，有的听更有效，有的需要大声读出来，有的需要用笔写下来，重要的是找到最适合自己的方式。

(3)学习并不都是与别人赛跑，每个人都有自己的跑道，自己进步常常比超过别人更重要。

2. 社交自卑

常见的认识误区：

(1)我是一个讨人嫌的人。

(2)我没有能力交朋友。

(3)我经常与别人发生冲突，真是太失败了。

(4)如果我太主动，可能会遭到别人拒绝，那样太可怕了。

对应的现实状况：

(1)社交自信主要来源于与他人的积极互动。

(2)磨练你的社交技能，这需要时间，需要练习，熟能生巧。

(3)人际冲突是难以避免的，应对冲突是一项重要的社交技能，重要的是阻止冲突升级，从对方的角度倾听、沟通，化解冲突。

(4)每个人都可能被拒绝，不要急于将拒绝归咎于自己，其实有很多原因，如别人心情不好，存在误解等。

3. 生活自卑

常见的认识误区：

(1)我太胖了，太难看了。

(2)我长了满脸青春痘，无法见人。

(3)我和同学年龄差不多，个子却低了别人一头。

对应的现实状况：

(1)与其关注自己的不足，不如关注目标和实现目标需要做的事情，问问自己："我该如何改善这个问题呢?"

(2)身体的发育有自己的规律，有的快些，有的慢些，很多人都经历过这个阶段。

4. 家庭自卑

常见的认识误区：

(1)我家里条件不好，什么都比不过别人。

(2)我父亲去世了，没有人为自己撑腰。

对应的现实状况：

(1)每一个生命都有自己的境遇，无法自主选择，如出生地、父母、家庭经济条件等，这些是我们需要接受的生命限制。

(2)在生命的限制中，我们仍有自主选择的自由、自我改变的空间，这将贯穿一生。

二、创建有益的班级环境

学生产生自卑感，有很强的情境因素。如果生活在一个互相指责、互相攀比的环境中，学生会更容易自卑。如果学生感受到班级是安全的，周围的同学和教师是相信他、支持他的，这将有助于减少自卑感，树立自信。

（一）班级中的每一名学生都值得尊重

生活环境的安全感和归属感对学生如何看待自己很重要，中小学生，特别是处于青春期的学生，对班级氛围、对别人的情绪、对人际关系都很敏感。作为班主任，我们需要倾听学生的内心需求，站在他们的角度尊重、理解他们。

教师需要注意自身言行对班级氛围、对学生的重要影响。例如，在维护班级纪律时尽量减少负面情绪的影响，更不能使用侮辱性的言辞。当学生行为不端，或者惹是生非时，教师仿佛被他们按下了负性情绪的"按钮"，可能会被激怒，或者沮丧，这些情绪是完全正常的，但不要大吼大叫，不要辱骂或羞辱学生，这样做会吓到他们，破坏班级的氛围。

有的教师在惩罚心目中的"差生"时，由于愤怒可能会口不择言。例如，"×××同学是个榆木脑袋""×××同学上学没有用"……这种讽刺挖苦只会对学生内心造成伤害，完全无法达到激励学生、改善行为的目的。相反，我们需要相信每一个生命，每一个学生都是有价值的，都拥有成长发展的力量，都是值得尊重的。学生犯错并不是世界末日，我们需要用健康的方式来解决问题。课余时间我们可以多和学生交流、相处，这向学生表明：教师喜欢他们，愿意和他们在一起。

（二）鼓励学生互相欣赏，减少互相指责

如果学生周围都是相信自己并支持自己的人，这有助于减少学生的自卑感。教师可以尝试帮助学生构建这种互相信任和支持的人际关系，鼓励学生接受来自别人的真诚赞美，告诉他们：赞美就像一面镜子，也是对自己的反映，接受它们有助于接纳自己。有研究表明（Aspy & Roebuck，1975），为学生创造高水平的促进性环境的教师通常会：

- 更多地回应学生感受；
- 在教学互动中更多地采纳学生的建议；
- 更经常地与学生进行讨论（对话）；
- 更多地表扬学生；

• 谈话更随意，较少程式化；

• 根据每个学生的基础，使用更多样的教学内容，会根据不同水平学生的需求来提供不同解释；

• 更频繁地对学生微笑。

☑ 知识链接

心理班会之"优点轰炸"小练习

目的：学习发现别人的优点，学会欣赏别人，促进同学之间的互相肯定和接纳。

操作简要过程如下。

(1)将学生分成小组，每组8～12人，坐成一个圆，每个小组发一张报纸，用报纸折成一顶帽子。

(2)邀请一名同学坐在小组中间，将帽子戴在头上，接受小组其他同学的"优点轰炸"：小组每位同学轮流真诚地表达出他的优点及让人欣赏之处，如性格、待人方式、品质等。必须赞美别人的优点，赞美时要具体，态度要真诚，要努力去发现别人的长处，不能毫无根据地吹捧，这样反而会伤害别人。被"轰炸"的同学要衷心地表达感谢。

(3)注意：只说优点，不说缺点，不提建议。

(4)小组所有同学依次接受"优点轰炸"。

(5)结束后，小组讨论：被赞美的哪些优点是自己以前就觉察到的，哪些优点是自己以前不知道的？被人赞美时感受如何？赞美别人时感受如何？对今后的生活有什么启发？

资料来源：樊富珉，2015

(三)恰当运用奖励，拒绝过度攀比

教师应当对学生的参与、付出、创造等进行肯定，恰当有效的奖励可以激发学生的积极行为。比如，有社交自卑的学生主动参与课堂讨论，和同学一起解决问题，虽然不一定能得到理想的结果，但是这个努力的过程是值得奖励的。这种奖励仿佛在告诉学生："我看到了你的努力，我期望看到你这样的行为。"奖励如果被滥用，则无益于学生的正确动机。例如，有的教师上课前买了一些糖葫芦，"谁上台来发言，就给哪位同学奖励"，结果学生的注意力都在糖葫芦上，这就背离了交流分享的初衷。

有时，教师希望学生之间形成一个"比、学、赶、帮、超"的氛围，以促进他们的努力，于是将自己的学生与其他班级的学生进行比较。其实，这种比较可能是有害的。每一个学生都是独特的，无法用某一方面暂时的成败互相比较。尤其是当一个学生感到自卑时，他本来就觉得自己比同龄人差，在很多方面都有所欠缺，更容易陷入更深的自卑。与其把他人的能力或成就与自己的学生相比较，还不如教导学生如何欣赏他人的成功，同时仍然承认自己的价值。

三、与家长一起帮助学生

学生的自卑感可能来源于多方面，经常与学生家长沟通情况，交换想法，会更有利于学生树立自信。教师要多方面了解学生的兴趣、性格特点，有哪些优点和长处。教师越是了解学生，在鼓励和引导学生时，就会越有针对性，效果就越好。

教师和家长可以互相交流培养学生自信的方法，如减少对学生的过度保护。尽管家长可能很想帮助孩子解决遇到的每一个困难和挑战，但退一步让孩子自己解决问题，可以增加他的主动性。当学生主动克服了困难时，自信感就会油然而生。

教师可以与家长一起支持学生的目标，允许和接纳学生在努力过程中的过错，将失败视为尝试的证据，积极鼓励实践和坚持，避免将担心、焦

虑转嫁给学生，这样也有助于学生更相信自己。

📋 **知识链接**

不恰当的表扬会打击一个人的信心

我们在表扬学生的时候，很容易想到用一些大家都觉得好的形容词去夸奖，如漂亮、聪明等，但这是在表扬一种固定不变的特点，并不是学生通过努力达到的。学生可能会对此进一步推论：如果我成功、成绩好，就意味着我聪明，那么失败、成绩不好，是不是就意味着我愚笨呢？由此，一个人是否足够聪明，就成了学生评价自己最重要的核心标准，他的心态会出现变化，面对考试时可能会变得患得患失，因为他担心自己表现不好，会被别人认为是愚笨的（陈祉妍、王雅芯、明志君，等，2021）。

可见，不恰当的表扬对于学生树立信心是有破坏作用的。因为我们表扬什么，学生就会更在意什么，当表扬的标准难以达到时，学生便可能因害怕失败而回避，引发自卑感。与其表扬学生聪明，不如表扬学生努力，当他通过努力不断体验到成就时，就会积累更多的价值感，自卑感也会慢慢消散。

8. 学生经常违纪

蒋老师已经是一名有经验的班主任了，但是班里的小伟同学还是令她感觉很头疼。

这不，刚刚在饭堂同学们都排着队打饭，他说自己等不及了非要插队，又跟别的同学干起来了，这已经是本周第三次和同学发生冲突了。不仅如此，他上课也不老实，有时大声喧哗，有时还擅自离开座位，整天到处"冒泡"，各种违纪行为不断……

各科任课教师经常抱怨，有时越不叫他做什么，他反而越要做什么，多次批评教育也没起多大作用，这可怎么办呢？

青少年的心理行为问题通常分为内化问题和外化问题，内化问题通常指焦虑、抑郁、退缩等情绪问题，外化问题通常指违纪、攻击等行为问题。经常违纪的学生，更容易被家长、教师和同学消极对待，也更难得到帮助和认可，其违纪行为还可能与心理疾病有关，如多动症、品行障碍、对立违抗性障碍等(参见《速查手册》相关部分)。面对这些问题，我们需要从师生互动、班级和课堂管理、家校联盟等多方面入手，培养学生人际交往、情绪调节等多方面的能力和行为习惯。

一、在师生互动中帮助学生

(一)运用有效的言语来干预学生的行为

在与学生的教学互动过程中，所使用的言语不同，对学生行为影响的效果也不同。对于行为容易违规、好动的学生，应尽量描述行为的规则，而不是要阻止的行为。例如，说"有效解决冲突"而不是"不要打架"。还可以利用有效命令来增加学生的依从性，减少学生的不当行为(见表 8-1)。

表 8-1 有效命令

原　则	举　例
要直接而不是间接地表达命令	"画一个正方形"，而不是"请你给我画一个正方形好吗?"
积极地表达命令	"请坐到我旁边"，而不是"不要在教室里四处乱跑"
一次给予一个命令	"把书装到书包里"，而不是"把你的书桌收拾干净，把校服穿好"
命令要具体，不要模糊	"从桌子上下来"，而不是"注意安全"
命令要与学生的能力相符	"安静地坐在这儿写半小时作业"，而不是"你今天都要保持安静"
语气要表达礼貌和尊重	"把手里的木棍给我"，而不是"不要乱敲，把你手里的木头棍子给我，赶紧的，听到没有?"
发出命令前或学生服从后给予适当的解释	"把羽绒服穿上"，在学生穿好之后，告诉学生"今天天气降温了，外面天很冷，穿上羽绒服参加户外活动就不会冻着了"
只有必要时或在合适的时机才发出命令	(当学生在教室里乱跑时)"请回到座位上"(选择合适的时机)，而不是"请把水杯给我递过来"(既要看时机是否合适，也要考虑是否必要)

资料来源：Zisser & Eyberg，2010

(二)培养有效解决问题的技能

处于青春期发育阶段的学生，除了身体的快速成长变化之外，心理行为方面也处在不断尝试、不断试错、不断验证的过程之中。这时学生的诸多不当行为，可能是他还没有学会正确处理问题的技能导致的，这些技能包括人际交往、调节情绪和控制冲动的方法，以及从他人的角度看待问题和感同身受的技能等。学生某些能力不足，往往在校园生活以冲突现象呈现，教师需要利用这些机会，教授他们学会有效的应对策略，练习相关技能(Lee，2012)。

• 场景一：学生在打饭排队时，感觉等待太难熬了，于是想要插队，进而与别人发生了冲突。

技能练习：帮助学生练习在集体生活中遵守秩序，包括在各种环境中有序地排队等待，如打饭、打水、体检等。

• 场景二：学生希望寻求帮助，因而在课堂上擅自离开座位。

技能练习：(1)帮助学生采用恰当的方法来引起教师的注意和寻求帮助(例如，坐着和举手)。(2)帮助学生练习恰当的行为，可以先快速回应学生的信号，然后逐渐延长时间，以帮助学生习惯等待。(3)将学生要达到目标的步骤写在卡片上，贴在学生的桌子上作为参考和提醒。

(三)注重抓大放小，学会适当忽略

有行为问题的学生，也是在班级中容易"冒泡"的学生。在教学活动中，教师不自觉地就被他们吸引了注意力，容易忍不住指出他的问题，提出改正的建议。然而，学生的内心可能会产生"老师总是盯着我的小毛病不放"的感觉，次数一多，就会变得疲沓，这并不利于行为改变。其实，关注也是一种强化，会无意中强化学生的不恰当行为。而且教师的过度关注可能会形成一个恶性循环：(1)关注强化了学生的不当行为；(2)学生的那些小的不当行为屡教不改，让教师心情沮丧，产生负面情绪；(3)学生有意无意地用这种方式吸引教师的注意，进一步引起关注。

要打破这种恶性循环，教师需要抓大放小。对于一些影响较大的不当行为，采取坚决制止的态度；而对于一些小的负面行为，适当地忽视，相信随着学生的不断成长，这些行为会慢慢地自行消退。当然，这并不容易，需要教师有一定的心理调节能力，特别是一些学生的不断重复的"小毛病"激发了教师的负面情绪时，需要教师有一定程度的耐受，而不急于做出反应。也许我们需要提醒自己，适当的忽视，也是一种有效的干预，可以打破恶性循环，帮助学生的"小毛病"更快地消退，从长远来看，是有利于学生发展的。

（四）注重觉察积极点，加以强化引导

行为问题明显的学生可能在教学活动中给教师带来不少麻烦，教师容易不自觉地认为这个学生浑身都是毛病，没有一点优点，一见到他，下意识地就想批评他，想要纠正他的缺点。然而，这个学生真的如此吗？就算他身上95%的特点都是消极的，那也还有5%是积极的。从促进学生行为转变的角度来看，剩下的5%的积极部分，也许正是教师要关注到的，需要不断强化、不断拓展的部分。

单方面地负面关注和压制学生的不当行为，可能会导致学生产生"破罐子破摔"的心理，并促使其隐藏不当行为。对此，教师虽然对存在行为问题的学生有一些负面体验，但还是要相信他的积极面并不会完全消失，还有值得培养和引导之处。有时，"捣蛋"的学生对教师的要求真的做到了——尽管这对大多数学生来讲很容易，但对于他来讲是不容易的——教师也往往觉得那是应该的，从而忽略了赞赏，结果学生转变行为的动机又消失了。

因此，尽管有的学生不良行为很多，我们不得不进行惩罚，但是，我们也不能忽略他们的积极面，特别是当他们努力达到预期时，哪怕是很小的事，也要给予表扬。就如同"海不辞水，故能成其大"，强化其良好的小行为，不断积累，就可以获得不小的改变。例如：

"今天你打饭时虽然排在后面，但一直坚持排队，挺好的。"

"听说今天你在课堂上先举手再发言，表现不错！"

二、班级和课堂管理策略

学生的问题行为与班级环境和课堂秩序会互相影响，采取一些有效的教学管理策略，可以减少不良行为的发生。

（一）明确的班级规则和期望

在开学之初制定规则，让学生知道教师对他们的期望是什么。教师可以提出一些规则，然后征求学生的意见，邀请学生再加入几条规则。如果学生在建立期望方面有发言权，他们就有可能更愿意遵守规则。

向学生展示每天的日程安排，让他们知道要做什么。因为意外可能会使学生不知所措，焦虑不安，容易导致他们行为混乱。一个简单的解决办法是在黑板上写下每天的日程安排，详细说明学生当天要做的事情。如果学生觉得心里有数，他们就会不那么焦虑，行为表现也会更好。

有时小任务会引发责任感，责任感会促进好的行为。对于"捣蛋"的学生，可以试试给他们安排一些小任务，一些力所能及的工作，如擦黑板或收作业，这能让他们感受到被信任，逐渐增强集体责任感。

（二）让学生从吵闹中安静下来

有时学生会很吵，使用一些方法来让他们在上课前安静下来是非常重要的。教师可以根据学生的年龄特点使用不同的方法。通常低年级学生对创造性的、令人惊讶的方法反应最好。高年级学生对交流性的、直接的方法反应良好。最重要的是找到最适合的方法。例如：

用手发出安静的信号，如拍拍手。这是吸引学生注意力的经典方法之一，意味着他们应该安静下来。走到教室前面，或者在教室里走一圈，慢慢拍手。可以尝试一种让他们重复回应的模式，如教师拍手一次，学生拍手两次来回应。这种方法对各个年龄段的学生均有效。

"打电话、回电话"。就是教师说出某个词语或短语，学生用另一个词语或短语来一致回应。这是一种将学生注意力快速拉回课堂的好方法。只需注意语句要容易记忆，并且适合学生的年龄。例如，对于低年级的小学生，教师可以说"小眼睛"，学生回答"看黑板"。对于高中学生，教师可以说"宝贵的一天"，然后学生回答"就在今天"，可以是一句口号，也可以是别的格言警句等。

（三）好习惯竞赛

好习惯竞赛是一种相对简单的教学行为管理策略。它的原理也很简单，就是"行为的结果会影响行为本身"，学生在行为之前对行为结果有预期，就会影响当下行为的动机。基于这个原理，教师可以通过控制不同的行为结果，来减少学生的违纪行为或者其他形式的不良行为。鉴于好习惯竞赛的有效证据和相对容易管理的特点，有学者称之为预防学生不良行为的"行为疫苗"（Embry，2002）。

主要的做法是在课堂上，或其他教学情境中，将学生分成几个小组，把那些容易违反规则或"捣蛋"的学生分在不同的小组，在特定的一段时期内，出现不良行为最少的小组可以获得一定的分数，通过分数来形成各小组之间的互相竞争，促使他们为了赢得奖励而一起努力。例如，对于课堂上吵闹的行为，如果小组满足了一定天数的安静要求，教师就可以提供一次博物馆之旅。

调动学生参与竞赛的动机，发挥同学之间的互相约束作用来影响学生的不良行为是好习惯竞赛有效的关键。奖励的种类通常包括物质奖励（如糖果等）和活动奖励（如参观科技馆、踢足球等），教师可以和学生商量决定。总体上，不同奖励对行为的约束效果差不多，但低年级的学生更偏向于物质奖励，而高年级学生对活动奖励有更强的动力。

（四）小心应对与学生之间的冲突

1. 关注自我情绪的调节

当学生顶撞自己，或者违反课堂秩序而导致授课无法进行时，沮丧、愤怒等情绪是每个教师都可能出现的。也许一些不合理的想法也会不由自主地浮现在脑海里，如"这个学生就是仇视我"，或者"这个学生就是不可救药了"，等等。此时，我们需要觉察到自己的这个状态，缓一缓，如深吸一口气，有意识地调节自己的情绪，再开始与学生之间的互动。例如，让自己换一个想法，问问自己：

"此时对学生发脾气，有用吗?"如果表现出愤怒，他们很可能会做出类似的反应来，这并不利于问题的解决。

"他仇视我，这是真的吗? 有什么证据吗? 还是他对很多老师都如此?也许这只是他的行为模式。""也许他就是容易把老师激怒，我才不上他的当呢。"……

"有什么有效的解决方法吗?"花一秒钟让自己平静下来,让自己表现得冷静,以友好的方式沟通,也许是解决当下冲突的一个好的选择。

2. 尝试用沟通解决冲突

对于有行为问题的学生,先不要下结论,给他发言的机会,先听听他怎么说,让他解释违纪行为的原因是什么,他的心里是怎么想的。鼓励他提出一个解决当下问题的方案。

同时,以尽量平稳的口气表达作为教师的感受和期望。可以这么说:"××同学,这不是一个很好的说话方式,会让老师感觉你有点刻薄,老师希望你可以用更缓和一点的言辞来表达想法。"

也可以这么说:"我并不讨厌你,但我不喜欢你那种通过言语和身体攻击他人来表达情绪的方式。"让他明白,问题出在他的言行上,而不是他这个人,这将促使他下次调整自己的言行。

3. 小心使用"你给我出去!"的策略

当一时难以用沟通的方式来解决与学生之间的冲突时,教师可能希望问题学生暂时离开教室。这样做,一方面先搁置争议,让事情缓一缓再行解决;另一方面可以继续开展教学活动,以免对更多学生产生负面影响。这看起来是一个有效的"缓兵之计",但是尽量不要在学生情绪十分激动之时,对学生高声说"你给我出去!",把学生赶出教室,而是需要做一些细节的安排。例如,把学生暂时托付给另外一位教师,自己先上课。如果此时没有其他教师帮忙,可以与学生达成一个协议,让他先到教室外的一个安全地方冷静一下,下课之后再一起解决问题。

有时教师必须和学生更深入地讨论一个问题,建议不要在课堂上,而是要私下谈话,如课后在办公室交谈。如果学生的违纪行为性质严重,采取纪律处分也是一种必要的措施。

三、建立帮助学生的多路联盟

帮助存在行为问题的学生,寻求更多相关人员的支持,与家长、任课教师、心理教师等形成多路联盟，多角度、多途径地一起努力解决学生的问题，效果会更好。

（一）建立家校联盟

1. 家访

关注学生成长是家庭与学校的共同责任，当学生表现出行为问题时，需要与家长沟通、分析学生的行为表现和解决办法。了解学生在家庭中的情况，将学生的在校表现及时反馈给家长，听听学生父母的看法，一起分析学生在家庭和学校中的行为表现是否一致，学生可能遇到了什么样的问题，可能有什么样的心理需求，会对个人的健康和成长发展带来哪些影响，等等。在此基础上，探讨作为家长、作为教师可以从哪些方面采取有效的应对措施，一起帮助学生减少乃至消除行为问题。

2. 宣传良好的养育方式

有的家长忙于工作，可能会忽略孩子的心理需求。对此，教师可以与家长探讨父母教养方式对孩子行为问题的影响，或者给家长写一封信，也可以推送视频短片等形式向家长传授增进与子女积极关系、非暴力管教的技巧，以及教导孩子有效解决问题的方式等。

（二）建立与任课教师的联盟

有行为问题的学生常常会给各科任课教师带来麻烦，可能会引起任课教师的一些负面情绪，如案例中各科任课教师经常抱怨小伟同学"有时越不叫他做什么，他反而越要做什么，多次批评教育也没起多大作用"，反映出任课教师们的无奈。

对此，作为班主任，一方面，我们要帮助任课教师更全面地了解学生，包括生活环境，以及一些不太容易发现的优点和潜力。例如，案例中的小伟同学家庭环境不好，父亲长年在外工作，母亲身体有病，对小伟同学无暇照顾。尽管当前还存在一些明显问题，可他愿意改变自己的行为，而且他还是一个热心肠、爱帮助同学的学生。另一方面，我们可以和任课教师一起讨论课堂管理方法，例如，怎样使用有效的纪律策略，哪些做法是有用的，哪些做法是需要调整的，等等。如果对行为问题放任不管，或者一味地惩罚批评，都可能会加重行为问题。

（三）建立与心理教师的联盟

学生的外化行为问题，到底是青少年成长发育的阶段性反应，还是某种心理疾病的表现，需要我们进行识别和关注（参见《速查手册》"当学生经常打架时"一章）。遇到困难时，我们离不开学校心理教师等心理健康专业人员的帮助。

对于案例中的小伟同学，当帮助无效或者收效甚微时，教师可以向心理教师请教帮助策略。如果小伟同学的行为问题较严重，那么建议他及时寻求心理教师的专业帮助，并配合心理教师一起促进他的行为模式的调整。

9. 学生自伤

下午第二节课后，班主任刘老师正走在回办公室的路上，忽然，小芳同学从后面匆匆地赶上来，神色慌张地说："刘老师，晓晓以前跟我说，她会经常拿小刀划手腕，还说心情不好的时候可以试一试，我没想到今天真的看到她在卫生间里这么做，都流血了⋯⋯"

刘老师的心一下子绷紧了，学生用刀割伤自己，头一次遇到这种情况，不知道怎么处理才好。

青少年是自伤的高发人群。不以自杀为目的，直接、故意地损伤自己身体的行为，称为非自杀性自伤行为，简称自伤。常见的自伤形式包括划伤皮肤、割腕、拽头发、撞头、咬伤、烫伤、掐自己等。面对学生的自伤行为，我们在识别与评估学生自杀风险的前提下（参见《速查手册》"当学生故意伤害自己身体时"一章），可以试试以下解决办法。

一、应急干预：帮助学生停止自伤

（一）镇定自己的情绪

学生在学校自伤存在很多不确定性，常会打乱教师的教学节奏，对此，教师的内心也可能有很多不理解。面对这样的事情，教师可能会对学生很担心、很紧张，也可能对学生有些埋怨，甚至有种批评学生的冲动，这些情绪都是合理的，也是应激情境中的常见反应。但是这些并不利于事情的应急处理，教师首先要做的是让自己冷静下来。

（1）做几次深呼吸。深呼吸可以让身体快速放松下来，随着呼吸的平缓，心情也会放松下来，大脑就会更理智、更镇定地分析判断当下的情境。

(2)快速调整自己的想法。脑海中可能会涌现出很多想法，例如："这下子可糟糕了！""是因为我上午批评了她吗？"……这些想法可能都是担心、焦虑带来的，未必是实际情况，此时，更重要的是了解学生的当下状况，迅速采取有效行动，保护学生的安全，帮助学生走出当下的困境。

(3)心里默念让自己沉着冷静下来的话语，例如："天塌不下来。""急事面前要为自己留出思考的空间。"……

(4)使用校园心理危机情境下的应对策略，如学校的心理危机干预预案，或者心理急救的程序流程等。我们心里有谱时，情绪就会稳定下来，恢复自己的应急处置能力。

📋 知识链接

学生心理危机干预六步法

第一步：确定问题

从学生角度，确定和理解学生本人所面临的问题是什么。

⬇

第二步：保证安全

高度关注学生的安全，把学生的身体、心理危险性降到最低。

⬇

第三步：给予支持

建立良好的师生关系，让学生体验到教师是值得信任的，关注、倾听学生的情感，愿意与学生一起走出当下的困境。

⬇

第四步：尝试替代性的应对方式

在危机中，学生的思维可能停在某个地方了，尝试启发学生看到更多的可能性，设想多种应对方式，将这些可能性、应对方式纳入可选择的范围之中。

⬇

<table>
<tr><td>第五步：制订行动计划</td></tr>
<tr><td>与学生共同制订行动计划，包括短期的、长期的，如联系家人、医院就医、寻求心理健康专业人员的帮助等。</td></tr>
</table>

<table>
<tr><td>第六步：得到承诺</td></tr>
<tr><td>尊重学生的意愿，希望学生承诺不伤害自己，出现危机时及时给教师打电话求助，学生与教师愿意遵守承诺。</td></tr>
</table>

注意："六步法"的目的是为危机干预工作提供一个基本思路，内容和过程并非固定不变，也不是必须的，具体实施要因人而异，视情况而定。

（二）评估危险程度，检查处理学生的伤势

1. 评估学生的危险程度

如果情况严重，不要犹豫，立刻拨打急救电话，在紧急情况下，我们能做的最好的事情就是呼救。如果情况较轻，先帮助学生处理伤口。例如，如果学生正在出血，要按压伤口止血。如果有烧伤，建议用冷水冲洗伤处皮肤10分钟。严重出血、烧伤和任何类型的用药最好由医疗专业人员处理。如果学生并未出现新伤，那么教师要陪伴学生一起走出眼下的困境。

2. 评估学生伤害自己的动机

例如，学生是否有自杀的想法？属于自杀行为还是非自杀性自伤行为？（参见《速查手册》相关部分）在这个过程中，教师不能放任自己的情绪，而更需要关注自伤学生的情绪。教师的一些过分担心、一些埋怨的话语、一些批评，可能都会传达出"自伤行为是不对的""你给老师带来了麻烦"的意思，容易表达出对学生过早的否定，不利于学生对教师的信任。

（三）协调更多人员帮助学生

如果学生自伤的情况比较严重，应急处理就不是教师一个人的事，而

需要协调汇集多方力量共同努力，如迅速联系学校的心理教师、学生的父母或其他监护人，或者其他可以提供支持的人。如果学生的情况较轻，在教师的可控范围之内，那么教师可以试着询问学生是否愿意邀请更多的人帮助自己。如果学生此时只想与教师在一起，教师可以尝试一些缓和情绪、停止自伤冲动的办法。

（四）倾听学生的诉说

教师可以尝试以一种专注、接纳的态度，倾听学生的诉说。当他能够把自己的痛苦感受、经历等表达出来时，自伤的冲动就可能得到缓解。提供支持和同情是很重要的，不要说赞扬或者为自伤行为辩护的话，专注于倾听他的痛苦，而不是鼓励他。

可以这样表达：

"可以说说你的情况吗？"

"你一定经历了很多痛苦，如果你需要，老师会一直在这里听着。"

当然，导致学生自伤行为的因素常常是多样的（见表 9-1），有些听起来可能很不可思议，对此，教师不要轻易表达自己正面或负面的看法，也不要去刨根问底，只需认真去听，简单地用"嗯"或点头等方式进行反馈，陪伴学生倾诉他愿意表达的内容就够了。

表 9-1 导致学生自伤行为的常见因素

常见因素	原 因
负面情绪	内心饱受负面情绪的折磨时，希望借助痛觉来缓解煎熬
人际关系	害怕自己被人遗弃，希望别人认真对待自己、重视自己
自我惩罚	表达对自己的愤怒，感到沮丧，以厌恶、贬低自己为主要特征
寻求刺激	提供一种兴奋感或刺激感，因为好奇心，在青少年中有传染性
自我意识	摆脱麻木、解离的状态，唤醒自我意识和感觉，体验真实活着的感觉
负性事件	虐待、性侵犯、欺凌、家庭变故、亲人离世等都可能诱发自伤
自杀冲动	抵抗自杀冲动的一种应对，是自杀意图的替代品
寻求刺激	倡导自杀自伤的网络游戏的传播，如"蓝鲸游戏"等

资料来源：温宇娇、徐一凡、乔丹，等，2020

（五）帮助学生做呼吸练习

呼吸是我们可以控制的身体反应，有意识地练习呼吸对于控制应激反应有积极的作用。当学生感受到自我伤害的冲动时，应激反应会被触发，呼吸练习可以帮助学生控制这个触发因素。试试这个简单的呼吸练习：

吸气时数到 5，呼气时再次数到 5，这样重复 5 次。数数的时候，专注于呼吸的感觉。

还有一种专注于呼吸的方法是"气球泄气法"：

把气球吹起来，再感受它一点一点地泄气。

（六）帮助学生转移注意力

转移注意力也是一种防止自我伤害的方法。当学生难以控制自我伤害的冲动时，可以陪着学生试试把注意力转移到别处。不同的学生转移注意力的方式可能不同，可以先听听学生的经历和体验，判断哪些方式对转移注意力更有效。简单来说，可以试试以下方式：

- 做运动。
- 散步。
- 用双手折纸。
- 玩智力游戏。
- 画画，或者在图片上涂色。
- 数字计算，如从 100 开始逐次减 7。

（七）帮助学生找到自伤的替代行为

有的学生自伤行为可能已经积习难改，尽管学生自己不想伤害自己了，但是自伤的想法却循环往复，挥之不去。教师可以建议学生尝试一些类似的无害行为，替代自伤行为。例如：

- 用红色记号笔在手臂上画画，画在想伤害自己的地方。行为虽然相似，但墨水和笔不会造成伤害。
- 准备一些冰块，自伤的冲动难以控制时，在手臂上擦冰块。

虽然这些解决方法并不完美，但它们可能会起到很好的缓冲作用。此外，教师还可以了解学生以前是否遇到过类似的情况，有什么有效的应对方法；也可以陪伴学生一起尝试替代行为，直到他感觉好起来。

以上这些停止自伤的方法可能在事发当时暂时有效，但是这只是自伤时的紧急参考策略。导致学生自伤的各种因素仍然存在，要想真正解决问题，必须尽快帮助学生进行专业心理求助。

二、解决方案：鼓励学生专业求助

解决自伤问题需要一个过程，也需要专业人员的帮助。在学生情绪稳定下来后，尝试与学生进一步沟通后续的解决方案，可以表明一个事实：伤害自己并不能真正地解决内心冲突，虽然我们愿意帮助他，但是作为班主任，解决心理痛苦的能力是有限的，无法一直陪在他身边，也无法提供更有效的心理帮助。对此，教师需要与学生协商，寻求更多的帮助，引导学生消除求助的顾虑，了解求助的正确途径。教师可以试着这样表达：

"我感觉到你内心是不想伤害自己的，面对痛苦，只是没有找到更好的办法，对吗？"

"解决内心的痛苦，仅仅依靠我们两个人还不够，咱们可以去找更多值得信赖的人帮忙。"

"解决内心的痛苦涉及心理知识，而我是语文老师，常常也感到无能为力，咱们联系一下心理教师聊一聊好吗？"

"你的家人知道你的情况吗？可以和他们说一说吗？你感觉和谁说一说比较合适呢？"

即使学生当时并未同意，教师也可以为学生提供学校、社会中的心理服务电话、危机干预热线等，方便学生在产生求助意愿时知道如何打电话向专业人员求助。

知识链接

12355青少年心理咨询和法律援助热线

"12355"是共青团中央设立的直接面向青少年的心理咨询与法律援助热线，始建于2006年，主要面向青少年提供心理、法律咨询，涵盖"自护教育""考试减压""健康守护行动"等系列项目，是守护青少年身心健康的重要载体。2020年，共青团中央制定了《关于加强新时代12355青少年服务台建设的意见》，进一步明确新时代的发展定位，构建权责清晰的运行机制，健全运转有序的工作体系。2022年，"青春热线"作为《中国青年报》传播青少年心理健康理念的传统栏目，改版为"12355青春热线"。

2023年5月，由共青团中央维护青少年权益部等单位共同开发的共青团12355青少年网络服务平台正式启动。这一平台是面向青少年提供心理咨询服务的全国性公益在线服务平台，汇集心理咨询师2000余人，在传统热线电话的基础上，还融合了微信小程序。"青听益站"全国12355网络平台小程序设置了心理咨询、法律咨询、树洞倾诉、倾听热线四大功能板块，可以通过视频连线、文字交流等多种心理咨询形式，帮助青少年纾解情绪，守护青少年身心健康。

三、多路联盟，多措并举，帮助学生从自伤中走出来

学生自伤问题需要家庭教育、专业心理干预等多方面介入，作为班主任，我们要与家长、心理教师等建立工作联盟，一起帮助学生解决问题。

（一）协助家长给予学生更多支持

与家长取得联系，沟通学生自伤的问题，可以和家长一起探寻学生伤害自己的可能诱因。如果能更多地了解学生自伤的原因和方式，教师就可

能更有能力帮助他们。具体来讲，可能包括以下方面。

（1）将学生在学校发生的自伤情况通报给家长，在通报之前，要先了解学生的家庭情况，包括有哪些家庭成员，学生与不同家庭成员之间的关系怎样，与哪位家长沟通可能更有效一些。

（2）了解学生是否经历过创伤事件，如学生家庭是否出现了变故，是否存在家庭暴力、虐待、欺凌等事件或事件线索。

（3）了解学生在家庭中的情绪与行为状况，有时学生在家庭与在学校里的情绪表现是不同的，教师对学生的日常表现了解得越多，就越容易理解学生。

（4）建议家长带孩子寻求心理专业人员的帮助或治疗，包括到医院进行检查、诊断，以及药物或心理治疗，寻找可靠的心理咨询师接受心理咨询服务等。

（5）制定保障学生安全的措施。例如，针对学生可能发生自伤的时机、场所、所用工具等线索制定保障措施，当学生下次自伤时，就可以尽早发现，尽量做到有人陪伴。

（6）帮助学生逐渐消除疤痕，处于青春期的学生可能会很在意疤痕，虽然消除疤痕需要一个过程，而且有些较深的疤痕无法完全消除，但可以采取一些方法让疤痕不那么明显。

知识链接

如何消除自伤带来的疤痕？

耐心和时间是减少疤痕的两个关键因素，具体的方法有很多，这里列举几个常见的方法：

（1）就医，找皮肤科医生进行治疗；

（2）使用非处方药淡化疤痕，如硅凝胶疤痕贴等；

（3）用化妆品遮盖疤痕，如遮瑕膏等；

（4）用衣服和饰物来掩盖疤痕，如穿着长袖衬衫和长裤，佩戴手表或腕带等。

> 若是疤痕无法完全消除，试着接受它。疤痕可能会引起羞耻感，所以人们会隐藏或避免谈论疤痕。但是换一个角度看，它也可以提醒一个人经历了人生中一个克服困难的阶段，这个阶段的体验会让人变得更加坚强。

（二）配合心理教师帮助学生

自伤问题需要学校心理教师的介入，班主任需要把学生自伤的相关情况告知心理教师，并听取心理教师关于帮助学生的建议和措施，在教学活动中配合心理教师实施心理干预工作。例如：

（1）帮助学生预约心理咨询。与心理教师协商，根据学生的心理状况坚持每周固定时间的1～2次心理咨询；同时，和心理教师就紧急状态下的危机干预措施达成共识。

（2）观察学生的日常情绪和行为并提供信息反馈。心理教师不仅需要从学生本人处收集信息，也需要从教师、家长等身边人那里获取更多信息，以全面了解学生的情况。

（3）向心理教师请教在教学活动中与学生相处的注意事项，每一个学生都是独特的，学生自伤行为背后隐藏着阻碍其成长的诸多因素，在教学活动中也许可以帮助学生逐渐清除这些障碍，如自卑、自责等。

（4）当学生自伤的问题得到了控制或消除时，可以尝试协助心理教师做一些后续工作，以预防问题复发。例如，陪同学生向伤害自己的物品说"再见"。

（三）向伤害自己的物品说"再见"

与心理教师一起，陪同学生一起扔掉小刀、打火机或者其他曾用作伤害自己的物品。仅仅扔进垃圾桶可能还不够，要确保学生再也不会接触到它们。学生可以把这些东西交给教师、家长，或者自己彻底地处理掉它们。甚至可以为自伤工具举行一个象征性的"葬礼"，烧掉它们、扔掉它们，或者埋葬它们，大声说："我不再需要你了！"

10. 学生患有抑郁症

9月，新学期开学了，王平老师担任八年级五班的班主任。

她很喜欢教师这个职业，喜欢与那些朝气蓬勃的学生在一起。

但是，当她听到前任班主任介绍情况说，班里的小张同学是一名抑郁症患者，正在边上学边治疗时，她的心紧了一下，有些不知所措。

前任班主任又说，班里的小王同学也有一些特征与抑郁症很像，需要多关注……

此时，王平老师心里一下子没底了，面对抑郁的学生，自己没有一点经验，要怎么应对呢？

抑郁症是一种严重的疾病，会影响学生的健康和学业。如果你是一名班主任，发现学生表现出抑郁的特征，或者已经确诊为抑郁症，你需要更多地关注他，而且要注意以下三个问题。

一、怎样与抑郁学生沟通交流

抑郁这个话题可能很敏感，如果学生存在抑郁，他可能会对这个事实感到羞耻、尴尬，甚至回避。尽量温和地提出来，让对方觉得和你谈话是安全的。例如："你最近看起来很没精神，发生什么了吗？老师想确认一下。"如果学生看起来不愿意敞开心扉，不要强迫他。可以这样说："如果你以后想谈谈，可以告诉我，好吗？"这样，如果他以后想找人谈谈，就会知道你愿意倾听。当他与你开始对话时，需要在以下方面为自己提个醒。

（一）承认抑郁是真实的，不否认问题

抑郁症是一种心理疾病，与日常的悲伤难过不同，它更复杂，也更持久。与抑郁学生交谈时，要承认抑郁的负性情感是真实的，认可学生正在承受痛苦，这是一种真实的感受，不要试图去淡化它。例如，要避免说：

"每个人都会有伤心难过的时候。"

虽然这是事实，但背后的意思好像是说伤心难过没有什么大不了的，这是在否定抑郁学生的情感。当他表达抑郁情绪时，可以接纳他的感受：

"那一定挺不容易的。"

尽管我们可能不太能理解他的描述，但要相信他感受到的痛苦，对他来讲这些痛苦都是真实的。

（二）耐心倾听，尽量避免给建议

与抑郁学生交流时，他可能会向教师倾诉自己伤心难过的经历，此时，需要多听少说，尝试着去理解他，而不是评判好坏。即使有些问题教师认为很容易解决，也不要试图凭借自己的经验给学生建议，因为学生可能已经在尽最大努力应对了，作为教师，我们不太可能解决学生的抑郁问题。例如，不要建议：

"经常吃黄花菜，能治疗抑郁症。"

"只要意志坚强，就会克服一切困难。"

"你应该想开点，不要钻牛角尖。"

尽管这些建议可能是别人克服抑郁的成功经验，但是抑郁症是一种疾病，需要专业系统的治疗。最好的方法是寻求医生和心理专业人员的帮助，而作为教师，主要是倾听学生的内心经历了什么，去理解和陪伴，做些力所能及的事。可以使用非语言暗示来表明你在听，如点头和眼神交流，也可以给予口头上的暗示，如"是""嗯"等，还可以重申对方的感受来说明你的理解。例如：

"那件事听起来并不容易做到。"

"这种情况真让人难过。"

"这确实让人感到愤怒。"

（三）接纳学生的情感，避免讲"大道理"

抑郁学生可能无法感受到快乐，常常只看到生活的负面，在他心中，

自己、他人、世界都是灰暗的。即使他能从理性上看到光明的一面，可能
也无法感受到真正的愉悦。不要试图强迫他看光明的一面，因为积极思考
对抑郁学生来说确实是挺困难的。例如，不要说：

"你要看生活好的一面，不要盯着不好的一面。"

"很多人的情况更糟，要感激你所拥有的。"

尽管这些是你自己生活中的感悟，也是一片好意，但每个人的生活经
历和信念不同，把你的道理强塞给抑郁学生，对他来说可能是一种负担。
只要给予允许、理解就好。例如：

"哭也没关系的。"

"那种情况压力真大，谁遇到都高兴不起来。"

要注意避免让人觉得你在同情他。表达对他的共情，而不是同情。共
情意味着你试图理解他正在经历什么，而不是为他感到惋惜、遗憾。

（四）接纳学生的"不作为"，避免用责备的方式激励

抑郁学生做很多事情都很困难，哪怕看起来很简单的事，也没有动力
去做。抑郁学生难以做事情，看起来很"懒"，很"不可救药"，时间一久，
这可能是让教师、同学最沮丧之处。此时，教师、家长等身边人可能会情
绪急躁起来，但要注意避免责备他。例如，不要说：

"你能不能不要一直这么消极？"

"你能不能不要一直让我们失望？"

尽管是出于好心，但这些刺激的话非但无法让抑郁学生振作起来，反
而可能会让他更加自责、羞愧。

当与抑郁学生相处，情绪变得急躁时，首先需要调节自己的情绪，尝
试接纳"没有动力做事情"就是抑郁学生最难迈的坎，一起陪他面对这个
坎。可以说：

"没关系，这次不行，还有下次。"

"一点点来，我们会好起来的。"

二、怎样支持抑郁学生

作为班主任，我们无法去治疗学生的抑郁问题，但可以成为促进他心理健康的一种积极力量。

（一）支持抑郁学生寻求专业求助和治疗

抑郁症作为一种心理疾病，最科学有效的解决途径是寻求专业的诊断和治疗。有的学生可能表现出了一些抑郁的情绪，怀疑存在抑郁风险时，需要及时到医院进行诊断；有的学生已经诊断为抑郁症，则需要按照医嘱进行系统化的治疗。可能会涉及以下方面：

- 怀疑学生患了抑郁症，建议去医院进行诊断。
- 学生被确诊为抑郁症，需要定期到医院进行检查治疗。
- 学生需要服用抗抑郁药。
- 学生需要定期进行心理咨询。

无论采取哪种形式的心理干预和治疗，都要按照心理专业人员的要求进行。教师主要是在教学活动中为配合治疗提供支持和便利。

> **知识链接**
>
> ### 正念在校园
>
> 如果你正在寻找一种能够深刻、长久地保护和优化人们心理的简单方法，请试一试正念。
>
> 正念是一种古老的心理实践，正念练习者通过不断地"以开放的态度注意当下"，逐渐培育出对身心事件的接纳性觉察。大量的学术研究显示，这种接纳性觉察是人发展健康的心理功能和建立完善的心理品质的核心部分。正念的这种效果不仅来自心理层面，而且与正念练习促成的脑部生理上的强健直接相关。
>
> 正念对教育的价值是多方面的，其中最为显著的是对学生的

益处。正念的"自我觉察和接纳"的特点，能够促进学生更好地了解自我、理解情绪以及提高认知灵活性，帮助学生建立面对挑战的自信和从容。正念中的"反复回到觉察对象"的注意力训练，能够培育学生的专注力，有助于促发"心流"，进而提高学习效率和体验，让追求知识和技能的过程变得更加愉悦。同时，正念练习往往让人深刻意识到"万物与我同在"，能够丰富学生的感受性，有助于他们更理解和珍惜当下的人、事、物，从而促进身心健康的全面发展。

除了对中小学生的益处，正念对中小学教师的作用也是至关重要的。作为教育的重要组成部分，教师除了需要不断增进自己的知识技能，还要提升自己的情绪调控和行为表现，提升教学质量和管理能力。在教育教学过程中，教师长年承受着巨大的压力，如何在压力下保持教育者的爱和耐心，保持与学生充分的情感连接？正念练习培育的"初心"态度，有助于教师在挑战和压力下保持内心的弹性和热情，提高工作成效和工作满意度。同时，正念也有助于教师更深刻地体验和了解学生的需求和心理状况，摒除成见，让教育更"走心"，让教学内容更贴近学生实际情况，更能起到教书育人的双重效果。

当今社会，心理健康问题日益凸显，正念能帮助中小学生面对挑战，提升心理素质；亦可提高教师素养，促进教学的进步。故我们应珍视正念在中小学教育中的价值，将其融入教育系统，为学生及教师全面健康成长提供更优保障。

（资料来源：刘蓉晖博士为本书撰写。刘蓉晖，中国心理学会正念心理学专业委员会副会长，常年在国内外从事正念的研究与教学工作）

（二）让学生知道，当他需要时你愿意提供帮助

抑郁学生常常有孤独感、无力感，感觉没有人会关心他、理解他。对此，可以通过让学生感到被关心和理解来帮助他们。尽管你可能做不了多少事来帮助抑郁学生，但是如果真心想帮助他，可以问问你能帮上什么忙。

可以这样开始：

"老师能为你做些什么吗？"

即使他说现在不需要，也不要强求，他心里已经知道了从你这里可以获得帮助。

如果你答应帮忙做某事，要确保你真的能提供帮助。例如：

• 学生可能会边上学边治疗，难免会缺课，试着给学生提供一些讲课录音、笔记或其他材料。

• 抗抑郁药物会有副作用，如口干。如果学生提出来，要做出合理的安排，如允许学生在桌上放一个水杯。

• 当学生无法完成作业时，温柔地询问发生了什么，以及可以提供什么帮助。

（三）尝试邀请学生参与一些人际互动

抑郁学生常常一个人待着，倾向于孤立自己，积极的人际互动可以帮助学生对抗抑郁。例如：

• 试着邀请他参加一些集体活动。

• 安排一些需要共同完成的小组作业，这样就增加了他与别人进行交流互动的机会。

• 温和地建议他参加一些兴趣小组，这样就增加了人际互动的机会。例如，如果注意到他在本子上涂鸦，可以推荐他加入绘画小组。

记住，学生可能会说不，看上去在退缩，此时一定不要强求，尊重他的选择非常重要。不要向他施加压力，或者让他因为不想做某事而感到难过。

（四）当学生自我评价过低时，提供一些真实的积极反馈

抑郁学生可能对自己的评价过低，存在一些与现实不相符的想法。例如，坚信"没有人喜欢我""我很愚蠢"之类。如果注意到他在说这样的话，试着以温和的方式提出不同看法，可能会对他有所帮助。例如：

"我不认为你是一个坏学生，坏学生是那些放弃自己的学生，但你在努力解决这个问题，所以在我看来，你是一个好学生。"

"我不认为没有人喜欢你，你的同桌似乎很喜欢和你在一起，我还知道你姐姐对你很好，我也挺喜欢你的。"

"考试的分数并不代表着一个人聪明或者愚蠢，即使天才也有不及格的时候。"

这种积极反馈不要因为学生患有抑郁症才这样说，而要基于现实情况，基于自己的真实情感。对于抑郁学生而言，真诚的态度远远比语言技巧更重要。

（五）关注学生的小进步和优点，恰当地表达出来

抑郁学生可能对自己很苛刻，可能会失去自我认同感。尝试关注他的长处和优点，并客观真实地反馈给他，有利于让他重建自我认同。有时教师看到他的一个小小的进步或者一点小小的成就，甚至一个小小的善举，就可能让他的内心感觉不一样。即使这个学生太沮丧了，当时没有明显的反应，也没有关系。他会记住你说的话，也许某一天这些话会在他内心"生根发芽"。从抑郁学生身上找到令人欣慰之处，并向他表达出来。例如：

"我注意到你今天在课堂上举手了，挺好的。"

"我注意到你在走廊里帮助了其他的同学，为你的善良点赞！"

"我看到你在作业上画的人物了，感觉挺漂亮的，我喜欢你画的那双眼睛，希望你可以把自己的兴趣坚持下去。"

"我知道,这学期对你来说挺难的,但你一直没有放弃,你的这份坚持让我挺佩服的。"

(六)发现学生有自杀征兆时,及时寻求专业帮助

如果发现学生有自杀的想法或征兆,可以告诉他那只是抑郁的症状之一,建议他向自己信任的人或心理专业人员求助,甚至可以帮他列出一份求助名单和电话。可以提醒他,最好先不要尝试这么激烈的选择,比如,可以先休学一段时间试试。

教师同时也要提醒自己,抑郁学生的自杀危机不是自己一个人的事,一定要寻求更多人的团结协作,如学校的心理教师、危机干预人员、学生家长等。

(七)记住,凭一己之力无法治愈或者拯救学生

你可以尽力帮助抑郁学生,但你不是医生,不是心理工作者,没有办法消除他的抑郁,或者保护他免受伤害。如果学生依然发生了不幸,尽量不要责备自己。你已经尽了最大的努力去帮助他了,已经做了身为教师所能做的一切。

三、怎样与他人一起帮助抑郁学生

(一)与学校心理教师沟通

发现学生出现抑郁迹象时,要及时联系学校心理教师,告诉他担心某个学生可能存在抑郁的问题。当抑郁的学生已经确诊时,要定期与心理教师交流学生的情况,观察学生的变化,配合心理教师采取一些针对性的措施。

(二)与各任课教师沟通

将抑郁学生的情况报告给各科的任课教师,以便于他们及时调整教学方式,针对抑郁学生采取一些具体的授课策略。这里举一个沟通的例子供参考:

"我班小张同学被医院诊断为中度抑郁症,很多症状可能会在课堂上表现出来，如没精神、易疲劳、无法集中注意力，甚至卧在桌子上，不参与小组讨论，完成作业困难，自控力不足，一点小事就发脾气，对自己评价很低，认为自己一无是处……这些可能会影响到课堂。

　　对此，我想一方面咱们需要接纳他的这些症状，另一方面可以尝试适当地去通过提醒和关心，让他参与到课堂活动中来，这样也许对他更有帮助。具体情况怎么应对，我希望咱们多讨论，多沟通……"

当然，这种沟通不是一次就够的，可能需要针对学生的具体实际情况经常商量，努力找到最适合的方式。

（三）与学生家长沟通

有时学生家长可能没有意识到孩子存在抑郁的问题，甚至认为孩子的情绪问题是在逃避学习，或者认为就是青春期的正常反应。教师如果认为学生真的存在抑郁问题，应该及时联系他们的父母或其他监护人。抑郁症是需要治疗的，作为教师，我们有责任让家长知道这一点。例如：

　　"我注意到小王同学这段时间很疲劳，情绪低落，一些表现与我以前在抑郁的学生身上看到的相似。抑郁问题越是早发现早干预，就越容易恢复。我认为到医院检查一下，或者找心理专业人员看看，可能会有帮助，以免延误病情，让孩子变得更糟。"

有些家长一时间可能很难接受孩子有抑郁问题的事实，拒绝就医或寻求心理专业帮助。这是一种常见的反应，但无论如何，教师都应当将学生在学校的情况及时反馈给家长，以引起他们的重视。家长从否认、拒绝，到核实情况、接纳、就医，需要一个过程，其间可能需要多次沟通。

即使学生已经确诊为抑郁症，教师也需要与家长保持联系。可以从家长那里了解学生在家的情况，谈谈学生在校的情况，谈论他的学业表现和课堂行为，结合学生分享的问题和经历，与家长一起讨论在学校和家庭的解决方案。例如：

"我注意到小张同学很难适应课堂，他很容易分心，经常很难集中注意力。我想知道你们在家有没有注意到这种情况。"

"小张同学在课堂上似乎很安静，当我叫他起来回答问题的时候，他即使知道答案也说不出来，以前有其他老师提到过这种情况吗？"

（四）营造接纳互助的班级氛围

对抑郁学生来说，缺乏完成日常任务的能力也会损害自尊，他可能会因此而对自己感到生气、自责。在课堂上培养一种允许失败、允许犯错、关注成长过程的氛围，有利于保护学生的自信。即使有人没能马上把事情做好，也不用太担心，鼓励同学之间相互接纳、相互支持。例如，可以说：

"这种题目很棘手，即使你还不懂也没关系，我们有足够的时间练习。"

"在做这项练习时犯错误是可以接受的。我有时也会犯错误。"

"拿不到高分也没关系，只要继续努力就好。"

"努力比智力重要得多。"

如果学生说"我又搞砸了"，可以回应"没关系，咱们能处理好它"。

📋 **知识链接**

关于抑郁症的常见误区

在支持、帮助抑郁学生的过程中，需要破除以下认识误区。

（1）心情不好就是抑郁症。不对！抑郁症是一种真正的疾病，不是心情不好那么简单，也不是说想开点就可以好起来的。

（2）抑郁就是一个人太脆弱。不对！每一个人都可能患上抑郁症，有没有抑郁症与一个人是否脆弱没有关系。

（3）吃抗抑郁药弊大于利。不对！虽然抗抑郁药会有一些副作用，但它的主要作用是治疗疾病，会让病情稳定下来，逐渐好转。

（4）抑郁学生吃上抗抑郁药就会立刻起效。不对！抗抑郁药起效需要一个时间段，通常要几周后药效才显现出来。

（5）如果抑郁学生看起来好了，就可以自行停药。不对！抑郁症的复发率较高，必须按照医生的要求调整用药。

（6）治疗抑郁症一定要吃抗抑郁药。不对！除了药物治疗，心理治疗同样有效，需要根据病情选择合适的治疗方法。

（7）一旦患了抑郁症就不可挽回了。不对！抑郁症是可以治疗的，大多数抑郁症患者经过治疗恢复了健康。

11. 学生有过自杀行为

九年级三班第三排最左面的座位空着快一个月了，老师和同学都知道那是小东的座位，也都知道他差点自杀了，自从因为与家人吵架吞了半瓶安眠药住院之后，他就再也没来学校了。

今天，班主任陈老师突然接到小东妈妈的电话，说小东经过一段时间的治疗，已经恢复得挺好了，希望下周能够回学校上学。

陈老师放下电话，心里犯了难，经历了这场自杀危机事件，下一步要怎样面对和支持小东呢？

自杀未遂的学生能够重新回归校园生活，对学生来讲，是恢复健康的一个重要环节。但是，对教师来讲，可能会引发内心的担忧，因为有过自杀经历的学生再次尝试自杀的风险会增加。在这个过程中，班主任不能"单打独斗"，在复学前，学校和班主任可以安排与学生及其家长的会面，沟通复学计划，需要协调多方资源，与各类人员一起开展工作。

一、沟通多方资源一起帮助学生

（一）与学生家长（监护人）进行沟通

在学生返校前与学生家长见面谈一谈是必要的，也可能需要进行一次家访，讨论学生返校之后是能够立刻遵守学校的正常作息，还是需要设置一个从医院或者家庭返回学校生活的过渡期。关于如何帮助学生平稳度过这个特殊时期，可能会涉及很多问题，需要与学生家长达成一致。例如：

• 学生返校后是否需要继续保持专业心理帮助？是学校的心理教师负责，还是去校外的心理服务机构？

• 学生返校后是否需要服用药物？什么时候服用？有哪些注

意事项？

　　• 家长对学生有哪些期望？需要学校、教师和同学提供哪些支持？哪些措施有可行性？

　　• 有哪些可能影响学生考勤的情况？学生能够立刻遵守学校的正常作息吗？作息时间是否需要调整？

学生返校后，家长与教师要保持密切联系，遇到问题和疑惑时，随时沟通；即使未遇到什么特别的事，也需要定期沟通。家长定期反馈学生在家里的情绪和行为表现情况，教师也要告知学生在校生活和学习的情况，出现了什么样的迹象，双方需要注意哪些问题等。

（二）申请召开学生返校准备会，制订学生返校计划

在学生返校前，需要向学校分管领导汇报相关事宜，建议召开学生返校准备会，与学校管理人员、医护人员、心理教师及学生家长（监护人）等相关人员一起讨论为学生提供的安全措施和支持服务，并制订一个具体的返校计划，以及签署安全计划书（参见附录）。返校计划中需要分析一些具体内容，例如：

　　• 分析学生的心理状况，需要警惕哪些可能再次激发自杀意念的因素。

　　• 讨论学生的治疗情况，正在进行哪些治疗，是药物治疗还是心理治疗，需要学校提供哪些方便。

　　• 确保与家长（监护人）能够保持联系。

　　• 确保学生的安全，学生再次出现自杀倾向时，可能表现出哪些警示信号，需要哪些人关注，具体需要采取哪些应对措施。

　　• 讨论学生在校学习任务量的安排，是全负荷，还是半负荷，应该保持一个什么样的学习任务量。

　　• 如有必要，取得校外医疗或心理健康服务机构的联系方式，遇有紧急情况及时请求援助。

（三）与学校心理教师进行沟通

配合学校心理教师做好学生的心理支持工作，一方面建议和督促学生定期寻求心理教师的专业帮助，另一方面如果对学生的言行、情绪表现存在疑虑，可以及时向心理教师请教。与心理教师的沟通可能涉及以下方面：

· 保密问题，学生的哪些临床信息控制在什么样的知情范围内会对学生更有帮助。

· 讨论学生再次出现自杀风险时的应对策略，学生的哪些言行、情绪表现可能代表着更高的自杀风险。

· 监督药物服用，了解药物可能存在的副作用以及如何应对。

· 学生可能存在的症状及其对校园生活带来的影响。

（四）与校外医疗或专业机构的沟通

如果学校有签约的开通绿色通道的医院、心理健康服务机构等，或者有医生与学校教师团队合作，那么可以与这些机构、医生及心理专业人员取得联系，沟通学生的情况。例如，向他们咨询：

· 这个学生适合一种什么样的学习环境，在什么情况下要引起注意。

· 遇有情况时，可否快速就医，就医流程如何。

当学生出现一些问题时，在征得家长同意的情况下，为这个学生开辟绿色通道，方便及时就医。我们需要尽量得到精神科医生、心理治疗师或心理咨询师、学校心理教师等专业人员的建议，然后依据这些建议，调整帮助学生的策略。

（五）与各科的任课教师进行沟通

与任课教师进行沟通时，并不需要将学生的情况和盘托出，而应遵循"需要知道"的知情原则。也就是说，只谈论任课教师上课时必须知道的内容，而不是毫无顾忌地讨论学生的经历，任课教师不需要临床信息或详细的病史。与任课教师进行沟通，涉及的内容可能包括：

· 学生可能存在哪些影响课堂的表现，如上课没有精神，由于药物的作用有时手会发抖等。

· 学习任务量是全负荷，还是需要适度减量，如课堂作业、家庭作业是否需要减半。

· 学生的考勤情况，如周三上午学生需要去医院复查，语文、地理、历史等课程会缺席。

（六）与学校管理人员进行沟通

预防学生的自杀行为需要多方面人员齐抓共管，多措并举。排除学校的安全隐患，完善预防学生自杀的措施是很有必要的。与学校的各类管理人员进行沟通，可能涉及以下方面：

· 安全设施设备的完善，如安装护栏等。

· 学生宿舍的管理，如经常关注晚上学生是否在宿舍，增加查铺次数等。

· 危险品的检查，包括刀具、药物等。

（七）营造接纳和支持的班级氛围

曾经自杀过的学生可能会更缺乏归属感，更担心同学不会接纳他。班里的同学也可能对返校学生存在一些好奇或者疑惑，也不排除存在一些排斥心理。可以尝试以下工作，会对学生顺利重返班集体有所帮助：

· 学生回归班级之前，安排一次与部分同学的会面，讨论同学之间的感受。

· 建议学生参加一些活动小组，与同学一起合作，互相支持。

· 对保密的需要和如何限制流言蜚语保持敏感。

注意：避免在课堂上讨论任何关于自杀未遂学生的案例！因为这样的讨论会侵犯学生保密权利并造成二次伤害，对学生和其他同学都没有任何益处。

知识链接

组织全班同学为自杀未遂的学生做返校准备

虽说要尽量避免在课堂上讨论学生试图自杀的个案，但如果存在一些广为人知的情况，如在校园内被目睹、被广泛议论，或者学生曾向班内多位同学透露自杀念头等，则建议向全班同学展开辅导，以引导他们采取积极和尊重的态度帮助学生重返校园。教师可参考以下建议展开讨论。

1. 引导全班同学思考返校学生的处境并关心他

可以请大家思考：

• 回想你感到痛苦难受的时候，此时希望其他人怎样对待你？

• 如果你是这位同学，当你重返校园时，你担心和害怕的事情是什么？你希望其他同学怎样对待你？

2. 经讨论后作出结论

• 有时感到痛苦难受是正常的。

• 我们有不同方法应对悲伤。

• 我们欢迎这位同学重返校园，并希望让他感到过程顺利和自在。

• 这位同学现在需要的是我们真诚的关心和支持。

• 他会担心谣言和被取笑。

3. 与全班同学作出约定

• 向返校学生表达关心，并在他表示难以赶上学习进度时伸出援手。

• 发觉返校学生情绪不稳时及时通知教师。

• 切勿取笑返校学生、散播谣言或在背后议论他。

> • 在班上维持正面及关爱的环境，并继续日常的学习和活动流程，以减少返校学生的适应困难。
> • 当返校学生有需要时，鼓励他寻求心理专业帮助。

二、保持对学生的关心和沟通

（一）返校之前对学生进行访谈

在得到学生家长（监护人）许可的前提下，可以到医院或家中与学生进行访谈。帮助学生参与制订返校计划的过程，有助于学生重新获得对生活的控制感。返校前的访谈可能会涉及以下内容：

• 关心学生当下的身体状况如何。

• 告诉学生班级最近发生的事情，了解学生希望教师提前向同学传达哪些信息。

• 了解学生对返校后的学习状态有什么设想，希望从教师那里获得什么样的支持，如提供学科的学习笔记等。

• 了解学生为了跟上学习进度，是否需要安排一些学习任务。

（二）加强对学生的关心和了解

学生复学返校后，需要一个重新适应的过程。在人际交往上，可能会担心其他同学怎么看待自己，需要重新融入班集体；在学习任务上，中间缺课的内容可能对学习新的知识产生阻碍，需要一点点地连接上。在这个适应过程中，学生可能会遇到一些困难，教师要及时发现，并帮助其克服。例如：

• 发现学生经常独自一个人待着，也不与别人说话时，可以适当组织一些集体活动，邀请他参加，与同学互相交流。

• 发现学生某一门课程的作业没有足量完成时，要关心他在这门课程的学习上是否遇到了困难，是否需要辅导或者提供学习资料。

　　• 发现学生情绪低落，或者哭泣时，要主动询问是否遇到了困难，可以提供哪些帮助。

（三）与学生保持交流沟通

尝试与学生共处，让他有机会向你敞开心扉。做一个好的倾听者，倾听他的经历和体验，促进他的情感表达，尝试理解他的感受，有时这就是他所需要的。在这个过程中，我们可以这样说：

　　"我是来找你的。"

　　"这听起来真的很难。"

　　"听到你经历了这么多的痛苦，我很难过。"

　　"我想帮你。"

在倾听、交流的过程中了解学生重返校园的适应情况，了解学生是否存在自杀的想法，并讨论有哪些选择的可能。

（四）告诉学生你有多在乎他

有自杀倾向的学生可能存在一些扭曲的、高度消极的想法，他可能会觉得没有人关心他。可以给他多一点关心，花一些时间和他相处，告诉他你有多在乎他，为他做一些事情来提醒他是被关心着的。例如：

　　"我相信你所经历的一切。"

　　"我愿意陪着你一起克服困难。"

当学生情绪不好的时候，他可能只是不愿意表达，此时未必一定要说些什么，哪怕只是陪在他身边，一起在校园里走一走，在树下坐一坐，都会有很好的支持作用。

知识链接

与自杀获救的学生相处"应做"与"不应做"的事

有些学生自杀获救后，可能会变得沉默，不愿意与人交流。请尊重他们的感受，但同时鼓励他们在觉得自己准备好的时候，恢复与同学来往和参加活动。对此，我们需要注意有些事情"应做"，有些事情则"不应做"。

1. 应做：与学生保持联系，并建立"安全地带"，让学生感到被爱、关怀、接纳、支持和谅解，从而建立信任的关系。例如，可以对学生说："我为你这样难受而感到难过。""我就在你身边，记住，有需要时你可以随时跟我说说。"

不应做：妄下判断或批评学生。这可能会阻碍学生向我们打开心扉。例如，不应对学生说："你这样做太傻了！""你做了最不应该做的事！"

2. 应做：伸出援手和陪伴学生，让他感到前路有希望。

不应做：言谈间加剧学生无助、被遗弃和内疚的感觉。例如，不应对学生说："在你纠正你的行为之前，我不会和你说话。""你有没有想过这件事会令我有什么感受？"

3. 应做：学生认为需要更多支援时，鼓励和陪同他向专业人士求助。

不应做：试图扮演拯救者的角色以及尝试独自帮助学生。

4. 应做：支持学生制订安全计划，列出他再有自杀念头时要采取的每一个步骤，以确保其安全。

不应做：说教、训话，或就自杀的对与错进行辩论，以及试图探问"为什么"。

5. 应做：与学生互动交流，并表达自己对他重返校园感到高兴。例如，可以对学生说："看到你真好！"

不应做：认为自己必须帮上忙，或者刻意逗学生高兴。

6. 应做：留意自杀预警信号。曾经尝试过自杀的学生还有再次自杀的风险。

时刻乐意和准备聆听。

时刻认真对待与自杀有关的言论。

随时准备根据风险水平直接询问"你是否又想到了自杀？"。

立刻通知学生的主治医生或者心理教师、家长，并尽快寻求专业支援。

不应做：认为事件不会再发生，以致忽略有关预警信号。

三、做好处理危急情况的准备

有过自杀经历的学生，再次出现自杀想法的可能性较大。他遇到困难而感到无望时，可能会再次产生自杀的想法，甚至采取计划或行动。对此，教师需要及时发现，及时处理。

（一）完善心理危机干预应急预案

发现或知晓学生近期有实施自杀的想法，准备伤害自己时，应立即采取措施，启动学校的心理危机干预应急预案来保护学生的生命安全。执行预案需要由学校统一领导，相关人员密切协作，分工负责。例如：

• 建立所有相关人员的通信网络。推荐一些心理服务热线，在危机发生时，要尽快把消息通知到学校的所有相关人员，从而在危机模式下迅速开展工作，承担预设的职责。

• 联络人员需要准确记录并发送信息，仅仅依据记忆和口头传播信息容易导致混淆事实，令工作人员搞不清究竟发生了什么，从而影响行动。

• 建立程序清单。在混乱的情况下，对照程序清单会更容易抓住干预计划的重点，知道哪些应该做，哪些不能做。

（二）注意稳定自己的情绪

当学生出现自杀意图，甚至做出自杀行为时，人们的反应各不相同，但通常是一种复杂的情绪。教师可能会非常担心，不想再让学生离开自己的视线，也可能会感到恼火。但无论有什么感觉，我们都要先稳定住自己的情绪。无论如何，这时候显然学生非常需要我们。因为他在面对自己的困境时，也许只知道一个方法，就是结束自己的生命。

（三）克制质问"为什么"的冲动

面对即将采取自杀行为的学生，此时不是查找原因的时机，现在最重要的是学生还活着。在专业人员到来之前，我们需要表达关心，因为学生仍然和我们在一起，我们还有机会。此时，可以尝试当面告诉学生我们有多么担心，并表示愿意与他一起面对困难。类似的交谈可能包括：

> "我觉得很伤心，你没有带着问题来找我。不过，我现在在这里，可以说说你的感受吗？这样，我们可以一起去面对。"

> "很抱歉，我不知道发生了什么事情，但我想让你知道，我很担心你，无论如何，我们一起渡过难关，好吗？"

> "我猜，你一定很伤心，可以告诉我，如何才能帮助你吗？"

（四）照顾自己的心理需求

自杀未遂后，学生的康复可能是一个漫长而艰巨的过程，在这个过程中，可能会有很多棘手问题浮现出来。教师如果难以接受所发生的事情，无法控制自己的情绪，或者经常为学生的自杀想法或自杀行为而责怪自己，那么，一定不要一个人去面对，而要联系学校心理教师或其他心理健康服务人员来处理。同时，教师也要照顾自己的心理需求，以对自己有效的方式照顾自己，或者寻求专业人员的帮助。

12. 学生易发脾气

近来，九年级的小李同学成了班里的"脾气王"，常常遇到一点小事就大发脾气。他发起脾气来容易失控，有时摔东西，有时冲别人大喊大叫，甚至有时还骂人。

同学们都对他小心翼翼的，班主任赵老师找他谈话，他说："老师，不知道怎么回事，最近心情很烦躁，我也知道发脾气不好，每次在学校发脾气后都很后悔，感觉自己很丢脸，但是脾气一上来自己就控制不住，您快帮我想想办法吧！"

愤怒是人们都会经历的一种紧张而痛苦的情绪。中小学生如果没有学会管理愤怒，可能会在人际关系中出现心理困扰，严重时还可能引发多种心理疾病(参见《速查手册》"当学生爱发脾气时"一章)。我们有必要与家长、心理教师一起，帮助学生理解愤怒、管理愤怒。

一、了解学生易发脾气的原因

容易发脾气，有时又称为"易激惹"。易激惹，通俗来讲是指比同龄人更容易愤怒，或者说引发愤怒的"门槛"过低，一点小事就可能惹得他特别激动，愤怒爆发。易激惹被视为心理疾病中的一个症状，需要引起我们的关注。它是很多心理疾病的一个共同症状，如抑郁、焦虑、多动症、破坏性心境失调障碍、对立违抗性障碍、创伤后应激障碍、间歇性暴怒障碍等。

（一）了解学生发生了什么

如果把愤怒情绪看作一种信号，那么这个信号背后有什么诱因呢？学生表面的愤怒爆发可能是我们没注意到的问题导致的，如遭遇校园欺凌、家庭暴力、亲人离世，或者其他负性事件，都可能导致学生陷入困境而引发情绪问题。作为班主任，我们需要先弄清情况，尽量与他谈谈，看是否发生了什么。例如：

"关于发脾气的事情，可以和老师说说吗？"

"是什么让你发脾气呢？"

"你在学校发脾气时，发生了什么吗？"

"你在家里发脾气时，发生了什么吗？"

如果学生还没有准备好向我们敞开心扉，可以先问问学生家长和其他同学，看看是否有值得注意的情况。

（二）愤怒的心理机制

每个人都经历过愤怒情绪，愤怒爆发也不一定就是问题。但是，如果愤怒爆发的次数很频繁、程度很强烈，那么这种情绪失控模式常常是更深层次问题的表现，可能是对遭受挫折的表达方式，也可能是缺乏安全感、对周围威胁过度敏感的表现，还可能是人际互动中的消极应对等（Stringaris，et al.，2018）。

此外，愤怒还可能伴随着自卑。例如，一些自我批评的话语，如"我什么都做不好"或者"总是我的错"等，就可能是自卑引起沮丧或愤怒的迹象。关于自卑的识别内容参见《速查手册》"当学生感到自卑时"一章，自卑的解决方法参见本书"学生感到自卑"一章。

📋☑ **知识链接**

易激惹的心理机制

研究表明，易激惹常常受挫折、威胁感知偏差和人际互动等多种心理因素的影响（Stringaris，et al.，2018），见图 12-1。

挫折是导致学生易激惹问题的重要因素。挫折-攻击理论认为，攻击行为常与遭遇挫折紧密相连（Breuer & Elson，2017）。学生实现目标受阻、遇到挫折，或者受到伤害，感到无辜、委屈，都可能以更多的愤怒来表达情感，这容易导致易激惹问题。

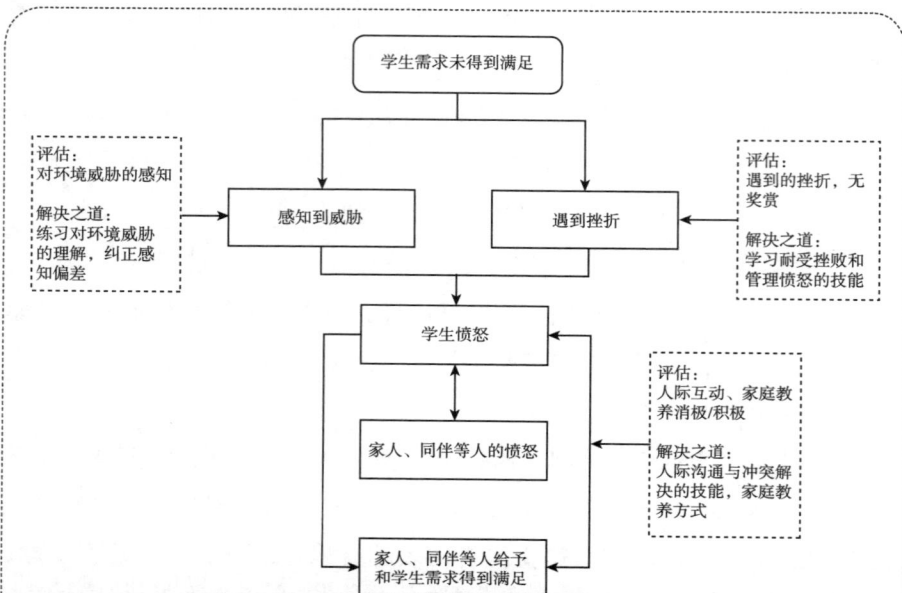

图 12-1　学生易激惹的心理机制

对周围威胁过度敏感是导致易激惹的另一因素。遇有威胁时做出一种战斗或逃跑反应是人的本能，无法逃避的威胁更可能引发战斗反应。激发愤怒情绪有利于与威胁相对抗，如调动全身的能量、增加力量等。然而，有时候环境并未出现真正的威胁，而学生可能太敏感了，一点小事都能感受到一种危险，或者视为对自己的一种伤害，即对威胁感知出现了偏差，也会引发学生更大的愤怒反应。爱发脾气的学生比大多数同龄人更倾向于将他人中性的面部表情理解为一种威胁。

人际互动也是影响易激惹的重要因素。消极互动会恶化问题，而积极互动会缓解易激惹的状况。例如，当家人、朋友面对学生发脾气时，以同样发脾气的互动方式反馈给学生，会加重学生的易激惹状况。而以一种理解、接纳的态度进行沟通，进行有效处理冲突的积极互动，则有利于缓解易激惹状况。此外，父母的教养方式对此也有影响。面对孩子发脾气，父母态度过于严厉或者过分迁就纵容都不利于解决问题。

(三)生理机制

愤怒也可能是身体原因造成的。例如，过度劳累和睡眠不足会使大脑的神经系统从平静状态转变为应激状态，在应激状态下，人常常会变得容易愤怒。十几岁的学生如果过度劳累，就容易发脾气。中小学生通常每晚需要9～10小时睡眠时间，但是很多中学生必须早起上学，晚上又要熬夜写作业，从而睡眠时间不足。得不到足够的休息时，他们就可能产生情绪问题。

学生愤怒失控的背后常存在多方面的原因，教师如果感到难以处理，或者怀疑学生可能患有心理疾病，那么求助心理健康工作者是帮助学生缓解愤怒情绪的最佳途径。可以建议学生与心理教师谈一谈，或者向学生家长说明情况，建议寻求专业的心理帮助。

☑ 知识链接

容易被忽视的压力源（HALT）

什么是HALT呢？HALT就是"Hungry-Angry-Lonely-Tired(饥饿-愤怒-孤独-疲惫)"的缩写，代表了生活中最常见但又容易忽视的四个压力源。这个概念最初用于戒除酒瘾，目的是提醒人们，当感觉到上瘾行为的冲动时，深入地觉察并询问自己真正的需求是什么。其实，当我们感受到饥饿、愤怒、孤独和疲惫的时候，心身可能已经失去了平衡。此时需要觉察：我们以什么样的方式来响应它们？要怎样照顾自己？

(1)饥饿。也许我们都有过这样一种感觉，知道自己实际上肯定饿了，却不想吃任何东西。造成这种情况的原因有很多，可能是压力太大，也可能是环境问题，或者抑郁、焦虑等。如果发现自己有这样的感觉，不管是哪种原因引起的，我们都有很多种应对方式。例如，等一等胃口的来临，也许它只是没有赶上我们忙碌的步伐，迟到了一会儿；活动一下身体，喝一杯水，试试把胃口唤醒；当然，最重要的要数认认真真地品尝一顿健康的美食了！

(2)愤怒。关注自己的情绪，愤怒来临之时不要急于行动。即使愤怒爆发了也无须急于找理由，虽然我们无法控制愤怒的来临，但我们有能力选择表达愤怒的方式。愤怒就像火一样，如果任其蔓延，会有很大的破坏力；如果运用得当，则会产生动力和能量。不要相信愤怒是完全不可控的，而要理解它，并尝试将它转化为生活中的积极力量。

(3)孤独。当一个敏感的心灵筑起高墙来保护自己免受无情世界的痛苦和失望时，孤独感就产生了。孤独一开始是一种保护，但随着时间推移，它可能会变成一堵难以穿越的墙。孤独会以多种形式伪装自己：抑郁、沮丧、焦虑，甚至是沉迷于游戏与幻想。此时，我们也许可以试着一点点打开自己的心扉，与朋友建立连接。接受支持与给予支持的体验并不是那么坏，也许我们可以不用一个人去战斗！

(4)疲惫。疲惫会让我们没有力气去主动思考，降低效率，带来很多不愉快的体验。这也许是在提醒我们，该停下来休息一下，或者改变一下日常生活了。越是压力大，越要保持规律的作息，注重健康的饮食。有效休息、健康、开心、放松，更有助于发挥我们的潜力。

这四个压力源在生活中如此常见，又如此重要，响应它们的核心是自我照顾，就像照顾我们所爱的人、照顾我们的学生那样，照顾我们自己。

二、传授学生管理愤怒的技能

对于班主任来说，完全解决学生易发脾气的问题可能很困难，但我们可以尝试从适应学校的人际关系、学习和生活的角度，传授一些调节愤怒情绪的基本技能，以帮助学生减少愤怒爆发的频次和程度。

（一）有预防愤怒发作的办法吗

1. 识别愤怒的预警信号

愤怒的爆发虽然很迅速，但是在爆发前会有一些预警信号。防止愤怒情绪失控，需要知道愤怒情绪是何时开始积聚的，会有哪些表现。可以和学生谈谈他生气时的感受，以及身体的变化，帮助他觉察和识别心烦意乱想要发脾气时的预警信号，以便于在失去理智之前就开始应对。例如，他可能会：

- 感到心里很压抑，想要爆发出来。
- 感到心跳加速，握紧拳头。
- 感到脸颊发红，下巴绷紧，皱眉等。

2. 弄清楚是什么容易让学生愤怒爆发

很多人的内心会有一些不愿意触碰的点，可能成为引发他们愤怒的"触发器"。学生也一样，可能对某一件事、某一个人或者某一句话很敏感。教师要了解这些人、事和话语，不要轻易触碰它们，或者提前做好准备，让它发生的时候不要那么突然，程度不那么强烈。当不小心被别人触发时，提醒学生及时调节情绪，试着告诉别人：

"这件事很让人恼火，我现在很生气。"

"在我冷静下来之前，我无法再谈论这件事。"

（二）上课时忍不住想发脾气怎么办

一个控制愤怒的有用方法是"提前踩刹车"，即感受到愤怒的警惕信号时，提醒自己"暂停""保持冷静"，告诉自己"这个无法控制的脾气又要来了，在失控之前给自己一些时间来处理它"，或者"熄灭这团火焰"，从而让愤怒在爆发之前得到缓解。常见的具体方法如下。

1. 深呼吸

深呼吸可以帮助学生平息身体的愤怒反应，减缓心跳，稳定血压，放松身体，这有助于让学生冷静下来。教师可以示范深呼吸的方法，带领学生一起练习。这个方法适用于所有年龄段的学生，既简单又有效。

• 将呼吸练习与平静词（句）结合起来，也许可以获得额外的效果，如"放松""一切会好起来的"，等等。

• 如果学生年龄较小，无法学会深呼吸，可以让他尝试想象吹泡泡的过程，专注用下腹部呼气，平稳、均匀地呼气会产生流动的气泡。

2. 倒着数数

烦躁来临时，建议学生从数字 10 开始缓慢地倒数。在数数的过程中，学生会慢慢恢复理性，思考适当的、有分寸的应对策略。

3. 从他人角度想一想

沟通不畅和同理心不足容易导致学生对他人发怒。建议他设身处地从他人角度想一想，例如，想一想他人是否真的在针对自己，想一想他人对自己发脾气时自己是什么样的感受。当学生这样想时，愤怒的情绪就可能慢慢变得缓和。

（三）如何帮助学生在教学情境中释放愤怒

虽然学生暂时控制住了愤怒，但内心还会压抑着很多情绪，教师可以引导学生以更合理的方式释放出来。所谓合理方式，至少要满足"三不伤害"原则，即不伤害他人，不伤害自己，不伤害物品。

合理释放愤怒的方法可能有多种。例如，在课堂上，在不影响其他同学的情况下，可以建议学生试试通过笔和纸，以一种"自由书写"的方式把愤怒写出来，不用在意写些什么内容，随意地表达内心的想法、情感就好。当然，在纸上画画或随意地涂鸦，也是一种表达情感的方式。

在课间，也可以通过唱歌、运动等方式来释放情绪。关于运动与发脾气之间的关系，研究发现，适度运动（如跑步）可以帮助控制愤怒，改善负性情绪（Kanning & Schlicht，2010）。感到愤怒时，试着花几分钟，离开生气的环境，用力挥动四肢，通常会感觉更好。

（四）当学生学会管理愤怒时，注意及时表扬或鼓励

我们的目标并不是让学生没有愤怒情绪，而是让学生学会管理愤怒的

技能。如果我们观察到学生已经生气，但并没有爆发出来，而是努力冷静下来，用一种管理愤怒的方法让自己缓解或用合理的方式释放情绪，或者有效地表达愤怒，就需要及时对他进行表扬或鼓励。这种积极的强化会进一步帮助学生以健康的模式来管理情绪和行为。例如，看到学生从 10 开始倒数，可以这样说："你刚才保持冷静的方式很好！"

三、召开管理愤怒的主题班会

关于管理愤怒的问题，虽然案例中小伟同学的情况可能更突出一些，但是很多青春期学生都可能存在容易发脾气的困扰，如果处理不好，就容易在同学间的互动中引发冲突。因此，帮助全班同学学习理解、接纳与应对愤怒是很重要的。

（一）管理愤怒的"爆竹"模型

为了方便中小学生更好地理解愤怒，有心理学家描述了一个愤怒管理的"爆竹"模型（Faupel，Herrick，& Sharp，2017）。模型主要由火柴（触发器）、引信（心理反应）、爆竹（身体反应）三个部分构成，如图 12-2 所示。在愤怒管理过程中，火柴代表引发愤怒的人、情境、事件和言语等，是需要保护和小心的部分。引信代表对触发器的想法和感受，可以通过重新思考和建构来延长它，或者熄灭它，以最大限度地降低爆竹爆炸的可能性。

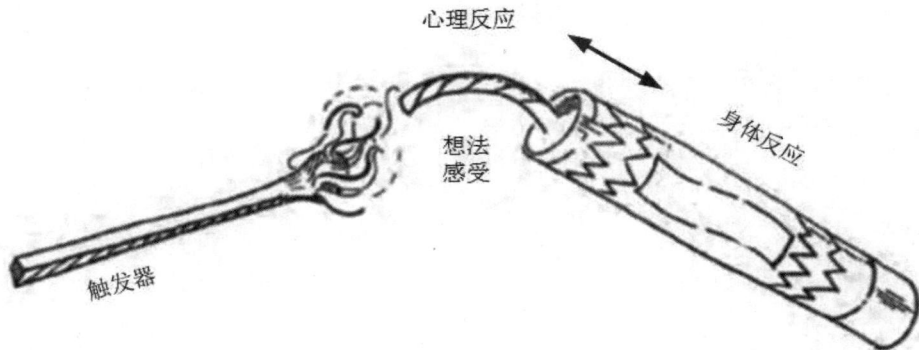

图 12-2　愤怒管理的"爆竹"模型

结合这个模型，我们可以与学生讨论一下：

- 这个模型对理解自己、他人的愤怒有什么启发？
- 可以对照模型描述一下自己曾经体验过的愤怒过程吗？
- 你在管理愤怒的过程中可以做些什么？

（二）合理表达愤怒的"ABC"句型

在人际交往中，愤怒的表达方式有多种，其中被动式的压抑愤怒与攻击式表达一样，都是不利于学生健康发展的，我们需要帮助学生学会有效地表达愤怒。现实生活中难免存在一些令人愤怒的情境，如别人给自己起外号，那么既不想压抑自己，又不想脾气太过火，怎样才能简洁而有效地表达愤怒呢？

我们提倡一种有效的"愤怒表达 ABC"句型（苏祉妍、明志君，2023），其中 A、B、C 分别代表愤怒表达的三个成分，即 A 指发生的事实，B 指情绪，C 指对对方的希望。具体举例来说，如果有人给自己起外号，并用外号来称呼自己，对此感到生气，就可以表达为："当你这样叫我的时候（A），我感到非常尴尬和生气（B），希望你以后别这样称呼我（C）。"对照这样的句型，可以在班会上组织学生互相练习，互相体会，并引导学生有意识地运用到生活中。

📋 知识链接

愤怒的表达方式

通常有三种表达愤怒的方式：被动式表达、攻击式表达和尊重而坚定的表达。其中最健康的是第三种。

1. 被动式表达

面对愤怒的人或事，不去实际处理问题，或以沉默、忍耐的方式面对，内心却逐渐变得愤怒。采取被动方式的人通常会内化他们的行为，即"未表达"的愤怒。他们已经认识到人际交往中的愤怒是不受社会欢迎的，可能会带来各种危害，因此，他们可能会压抑愤怒，而不是面对它、处理它。由于长期压抑愤怒，他们最终可能会因失控而爆发。例如，同学借东西不还，被动的反应模式为：即使心里生气，也不与同学谈论此事，但内心变得越来越愤怒。

2. 攻击式表达

变得非常愤怒，以至于情绪爆发，可能看起来像是对外界威胁或挫折的过度反应。常常伴随着语言攻击，大喊大叫，说一些刻薄的话、骂人的话等，甚至身体攻击。例如，同学借东西不还，激进的反应模式为：在同学中间揭露、指责该同学的"罪行"，或者从该同学处偷走更多的东西以示报复。

3. 尊重而坚定的表达

一种健康的表达愤怒的方式，主要有以下几个方面的特点。

(1)强调双方的需求都很重要。承认自己及其他人的需求，表达尊重别人的需要。例如："我知道你的课本丢了，借了我的课本来写作业，但是，已经两天了，我也需要用课本写作业呀！"

(2)交流时尊重对方。使用"请"和"谢谢"可以在很大程度上表现出对他人的尊重。尊重对方，承认他们也有难处。例如："请问你今天心情好吗？我有件事想和你谈谈。"

(3)表达自己的感受。用"我感到……"或"它让我感到……"这样的句型表达愤怒时的感受，对方可能更容易接受。例如："课本已经借给你两天了，你还没有还我，我感到有些生气，我的作业还没有写完，心里很着急。"

(4)表达期望或请求。把希望对方采取的行为看成一种请求，而不是命令，重要的是，这种期望是明确的、可行的。例如："我希望你今天可以把课本还给我。"

> （5）寻求解决问题的方法。理想情况下，对方可以满足我们的期望，但未必每次都能如愿，有时可能需要寻求解决方案。例如："我们可以先一起使用课本，让我写完作业，之后你找到课本，或者买到新的就尽快还给我，可以吗？"

（三）共同营造相互理解和支持的班级氛围

营造积极的、相互理解和接纳的班级氛围，需要教师和学生共同努力。教师不仅要关注学生发脾气问题的化解，还要促进学生之间积极的理解与支持行为。

1. 减少负强化，增加正强化

负强化指的是惩罚不受欢迎的行为，而不是赞扬受欢迎的行为。单独使用负强化，会增加学生之间的怨恨和不信任，降低学生的自尊。要尽量用正强化代替负强化，即适度忽视不良行为，鼓励积极行为。例如，一个爱发脾气的学生，当他表现良好时，要鼓励同学们看到他的积极面，而不是当他忍不住发脾气时才关注到他。

2. 互相鼓励，积极反馈

积极行为的发现者不是只有班主任一个人。应当告诉学生，当他们注意到别人的积极行为时，要互相称赞。也可以将积极的反馈展现在班会中，邀请学生把自己看到的积极行为讲出来。这些行为可以是很小、很具体的事，例如：

"我的手被划伤流血了，一位同学主动关心我，给我拿了创可贴。"

"我不小心对一位同学发了脾气，可他并没有对我发脾气，反而关心我，理解我，让我很感动。"

"我看到一位同学站出来支持一个被欺负的学生，他很有正义感，我很敬佩他！"

"我看到一位同学帮助另外两位同学和平解决了冲突，我认
为他很有勇气和智慧！"

大家列出积极行为的好例子，学生就会学会识别这些行为并努力效
仿，向这些榜样看齐。教师也要对这些学生进行表扬，表扬应该是具体
的、真诚的、适度的。例如："×××同学在同学之间的互动中，是一个
良好沟通和耐心的榜样，这是一种积极的行为，有助于促进同伴友谊，让
人感到更愉快、更舒适。"

四、在教学中做管理愤怒的表率

"社会学习理论"（Social Learning Theory）认为学生会观察成人所表现
的行为与结果进行学习，教师的榜样示范行为会对学生产生重要影响。而
且，如果我们对他人无礼或者对学生大喊大叫，当学生表现出同样行为
时，我们的教育就会失去说服力。

（一）尽量避免冲动和不理性的言行

虽然有很多教育情境可能会引发我们的愤怒，但是在与学生的互动
中，要尽量避免失去理智的言行。例如：对学生大喊大叫，同学生争吵，
把教室的门一摔而去，撕学生的课本，说一些刺激、侮辱学生的话，等
等。再如，有些教师可能认为自己表现出很生气的样子，会让学生知道自
己是不好惹的，从而能够提高自己的威信，有利于教学管理。其实从长远
来看，这种行为是不可取的，要尽量避免用发怒来苛求、吓唬和威胁学
生。避免使用这样的话语："都是你们没有做好，让我们班丢脸，我才发
这么大的火！""如果你们都考好了，我能发这么大的火吗？""别惹我生气，
如果我生气了，我让你们每个单词抄写 300 遍！"每个人都需要对自己的情
绪负责，这种"我生气都是因为你做错了"的苛求他人的归因方式，不利于
真正改善愤怒情绪，因为我们很难改变别人的言行以符合自己的期望。对

于学生调节情绪而言，也是如此。

（二）脾气来临之时，也是示范愤怒管理的机会

很多适用于学生管理愤怒的技能也适用于我们自己。如果学生的一些举动或表现触发了我们的愤怒情绪，令我们难以保持冷静，那么可以把它看作一次示范愤怒管理的时机。例如，可以暂时离开一会儿，到另一个房间自我调节几分钟。在离开之前，可以这样说："我真的忍不住要发火了，需要'暂停'一会儿来调节我的情绪，等到可以冷静处理问题的时候我再回来。"这样学生就知道教师为什么要离开了，这样做也会帮助学生明白"暂停"对他们来说不是一种惩罚，而是一个冷静下来并获得情绪控制的方法。回来之后，我们可以将自己调节愤怒情绪的体验分享给学生，让学生知道每个人都有要发脾气的时候，情绪管理对每个人而言都是必要的，教师也不例外。

有时，我们需要温柔而坚定地保持观点和态度。当学生的一些言行令我们感到无奈时，不需要与学生争论谁对谁错，可以不断重申我们的态度，如简单地说"不行""现在绝对不行""以后再说""先解决问题"，这样学生就知道我们是认真的，态度是坚决的，再怎么争辩也没有意义。

五、建立与家长、心理教师的工作联盟

针对爱发脾气同学的问题，作为班主任，我们需要与家长、心理教师保持紧密联系，一起帮助学生成长。

（一）与学生家长沟通

首先要注意，学生情绪失控的问题可能与家庭互动、教育方式密切相关，如果与家长沟通不好，可能会导致问题恶化或者矛盾激化。例如，有一个叫小明的七年级男生，在学校遇到一点小事就情绪崩溃，跑到角落里翻滚大哭，这主要是因为家长用粗暴的方式惩罚孩子，孩子一旦在学校"闯祸"，就可能遭受父母的暴力惩罚（杨柳，2021）。在这种情况下，教师

一旦给家长打电话，把学生在校容易发脾气、与同学发生冲突的事告诉家长，家长的直接反应可能就是"孩子又在学校闯祸了"，学生回到家后可能会再次遭受暴力惩罚。这样，不但学生所处的家庭环境没有改善，而且在学生眼中教师成了自己遭受伤害的"帮凶"，学生会对教师失去信任，这更不利于问题的解决。

因此，教师在与家长的沟通中，关注点不一定要放在学生容易发脾气的问题上，而要关注更健康的亲子关系，关注培养学生更多的积极行为。关于解决学生的易激惹问题，心理学研究发现，重要的是父母鼓励孩子产生更多的积极行为，而不是"愤怒爆发"等不良行为（Stringaris, et al., 2018）。父母一方面要主动忽略、暂停和不过分强调"脾气失控"的问题，另一方面要注重觉察和发现优点，提供表扬或奖励，专注于增加孩子的积极行为。教师在与学生父母的沟通中，要多理解学生的不足，多关注学生的优点并给予肯定，还要多了解学生在家里的积极表现。比如，父母可能会说："他会主动帮忙做家务。""他很喜欢画画，画的小动物可生动了！"那么教师在日常教学中就可以利用学生的这些积极特质，给予肯定和表扬。在交流学生在校表现时，要看到学生的积极面，如热心肠，愿意帮助有困难的同学，体育成绩很不错，等等。同时，可以与家长共同探讨，怎样鼓励学生做出更多的积极行为。

（二）配合心理教师帮助学生

在心理教师帮助学生学习管理愤怒情绪的技能、改善不良行为的过程中，班主任经常需要密切配合。这些工作可能包括：

- 和心理教师交流学生在班级中与课堂上的表现。
- 对学生发脾气的时机、频次和程度等进行观察、记录，帮助心理教师对学生的问题进行准确评估。
- 重新安排学生座位，减少或消除引发学生愤怒的应激源等。

• 如果学生的问题是由校园欺凌等负性事件引发的，与心理教师一起处理解决。

• 配合心理教师做好对班级其他同学的引导，缓和学生与其他同学的关系，改善学生在班级的人际环境等。

当然，我们也可以主动邀请心理教师为同学们讲一讲管理愤怒这项重要的技能。

13. 学生患有多动症

初中入学后的第一个家长会结束后，学生小玉的家长悄悄地对班主任韩老师说："老师，我家孩子有一个特殊情况向您说明一下，孩子什么都挺好的，就是有些好动，医院说是注意缺陷多动障碍，正在吃药治疗呢，希望您多照顾，如果不听话，您就严格管理，多批评教育，让他在课堂上老实点，麻烦您了！"

韩老师是一名刚刚入职的教师，这学期第一次当班主任，他虽然口头上答应了家长一起帮助小玉学习成长，促进其心理健康水平，但是究竟要怎么做，心里完全没底。

一、如何理解学生的情况？

（一）了解学生具体情况

注意缺陷多动障碍是一种常见于青少年的神经发育障碍，俗名多动症，简称 ADHD（Attention Deficit Hyperactivity Disorder）或 ADD（Attention Deficit Disorder）。注意缺陷多动障碍症状一般在 7 岁前表现出来，8～10岁为发病高峰期，全球学龄学生注意缺陷多动障碍的发病率为 5%～7%，《中国注意缺陷多动障碍防治指南》第二版指出，我国学生注意缺陷多动障碍的总体患病率为 5.7%～6.4%，男孩多于女孩。

鉴于这是一种在学生、青少年群体中常见的神经发育障碍，教师在教学生涯中几乎一定会遇到多动症学生，这对教师来说是一项必须面对的挑战。只要教师愿意理解和掌握教育多动症学生的科学方法，就能缓解自己的压力，同时能有效帮助到多动症学生。

虽然很多教师知道多动症，班上可能也存在这样的学生，但他们并未真正地了解多动症是什么，因而感到头疼。很多教师仍然采取简单的严厉批评方式加以对待，更有甚者给予惩罚，这很显然并不利于多动症学生身心健康的发展，甚至还会干扰整个班级的正常课堂秩序。

多动症是大脑内负责注意力、认知功能的神经递质功能失调导致的，它是一种心理行为发育障碍，有明确的生理基础，而不是性格、智力、教养等造成的。所以不要觉得学生是故意分心多动，也不要认为是家长没教育好，教养多动症学生对家长和教师来说都是重大考验。

作为教师，了解多动症机制和应对思路能在教学过程中帮助学生及其家庭识别问题，获取相应的专业支持，同时避免对学生提出不符合能力的要求，也能为教师自身"松绑"。教师的良性引导可以帮助多动症学生更好地适应校园环境，完成学业，并最终顺利进入社会。

详情介绍请参考《速查手册》中的"当学生注意力不集中时"一章。

（二）评估学生能力水平

作为教师，我们知道每一位学生都有自己的特点，多动症学生也是如此，他们会有各自不同的特点。对于总是需要教师操心的多动症学生，了解该学生在各个能力上的基线水平，有利于教师提供更具针对性的管理办法。教师需要了解这个学生更为典型的表现以及他目前的能力水平，包括：

- 他维持注意力的时间；
- 他保持静坐的时间；
- 他对指令的服从程度；
- 他每天跑跳的运动量；
- 他记忆的水平；
- 他偏好的学习方式；
- 他的学习成绩；
- 他的书写能力；
- 他与主要任课教师的关系；
- ......

多动症学生最让教师头疼的一个特点可能是难以服从课堂管理，有时会干扰到课堂秩序，下面以掌握学生保持静坐的时间为例，说说该如何评估。

多动症学生有一类特征较为典型：经常手脚动个不停或在座位上扭动，当被要求坐在座位上时却经常离座。

教师可以观察一下学生在不同情境下能够保持静坐的时长大概是多少，情境包括上课（如有精力，可以找不同科目的任课教师了解学生的静坐时长）、写作业，参与学生活动如班会、考试等。这有利于教师了解学生在静坐能力上的基线水平，从而给出合理的期待和匹配学生能力的要求。

教师可以通过自然观察的方式，观察学生被要求静坐时两次离座之间的时长，或者是两次做出大动作（如需要站起身子再坐下）之间的时长。同时也可以询问家长，学生在家中能独自安静写作业的持续时间，对学生静坐水平有一个大致了解。

例如，如果我们能观察到一位多动症学生上数学课的静坐时间能维持8分钟，其他课程大约能维持5分钟，参与文艺演出等学生活动时则非常兴奋，会动个不停，那么我们就会知道，学生的静坐水平与安静听完整节课有较大差距。这时，如果我们希望整个班级都能安静有序地听完整堂课，那么可能要花很多时间去管理这位多动症学生，同时也容易让他成为大家的关注点，有时可能导致他成为众矢之的。如果我们理解他的静坐能力水平只有5分钟，就可以通过适度降低对课堂的要求、提供释放他冲动需求的指令（如让他在课堂中间帮忙分发作业、擦黑板，或者起立回答一个问题）等方法，让他的情况被允许、被接纳。

如果一个学生能够保持坐的状态，只是容易在座位上"忙个不停"，那么对他的管理方式可能就有另外的侧重，我们需要结合他是在忙哪些事来判断。比如，上课时他在座位上晃晃手、抖抖腿，但他的注意力基本集中在教师讲课的内容上，那么我们要适度允许这类学生的多动，因为这不是他自身能够控制的。换句话说，他的情况就是如此，只要不影响其他人，没有扰乱课堂，就可以允许他看起来"不一样"。如果他的注意力一时在橡皮擦上，一时在书皮上，完全不听课，我们就需要使用一些技巧把他的注意力拉回到课堂上。但我们也要接受他过一会儿仍可能再走神，因为这类学生的特征就是如此。

（三）促进家长对多动症的接纳与应对

1. 正视问题是解决问题的关键和首要步骤

教师需要将这些问题学生的课堂表现及时反馈给家长，让家长提起重视。问题严重的话，建议家长带领学生去专业机构做必要的检查，并进行医学干预与治疗。家校的连接与合作是取得成功的重要因素，要达到家校共育，步调一致地进行正确的引导和疏通。

2. 调整家长对教学的过高期待

多动症的缓解与好转需要一个过程。如果家长将教育孩子的重点放在让孩子变成一个遵守纪律的乖学生，那么这完全是逾越多动症生理基础的想法，不仅会难为教师，而且容易让学生体验到"自己是有问题的，无论怎么努力都做不好"，从而产生挫败感。但如果把重点放在适应学校环境，在不与周围人发生大冲突的情况下完成学业，则可能是一个更适宜多动症群体的要求。

✔ 知识链接

多动症的治疗

药物治疗是多动症的主要治疗方法，在药物治疗的基础上，可辅以心理行为干预。无论哪种治疗方法，都需要在专业人员的指导下进行。

对于许多患者而言，药物可以有效减轻多动症状。在治疗多动症时，最常见药物是"中枢兴奋剂"，70％～80％的多动症学生服用后可减轻症状。这种药物可以增加大脑化学物质多巴胺和去甲肾上腺素的分泌——这两种物质在思考和保持注意力中扮演着至关重要的角色——从而让多动症患者能够像正常学生一样专注。

同时，多动症也可以考虑心理治疗。最常见也最适用于多动症的心理治疗是认知行为治疗。认知行为治疗主要是解决学生的冲动性，让其认识到自己的不恰当行为，从而降低攻击性。认知行为治疗也包括对父母的培训。

还有行为矫正，指运用条件反射原理，对学生积极正面的行为予以强化。

对于 6 岁及以上的学生，通常建议将药物治疗与行为治疗相结合。

二、如何促进多动症学生的适应和发展

（一）如何指导多动症学生

1. 鼓励体育锻炼

多动症学生需要一定强度的体力活动来消耗多余的能量，因此可以鼓励学生多参与体育锻炼。例如，与家长商议在每天上学之前晨跑 20 分钟，课间鼓励学生离开座位走动，给学生安排一些运动类事务，如分发材料、跑腿到办公室、擦黑板等。

2. 安排座位需谨慎

学校的课堂环境设置要尽量避免给多动症学生造成过多的刺激干扰，同时不可给学生太强的压迫感或特殊待遇。建议将多动症学生安排在离教师较近的座位，方便教师观察与及时提醒。同时多动症学生的座位应该远离窗户、门、图书角等，避免被课堂外的信息干扰。班级座位单列排布是最好的；如果有同桌，建议选择乐于助人、愿意合作的学生，并提前与同

桌学生进行充分交流，鼓励两人结为伙伴，带动积极表现。

3. 简明扼要地给出一到两个指令，避免信息"超载"

多动症学生的注意容量有限，并不是因为他不认真听别人说话，而是因为他的大脑机制确实让他容易走神。因此在给多动症学生布置任务的时候，应尽量简明扼要少步骤。例如，如果对一位多动症学生说"你把这沓试卷送到语文办公室张老师手上，让他签字，之后拿给二楼的教务处主任，下节课后再把这些试卷取回来，下午上语文课前发给大家"，那么他有可能只能完成第一步或第二步。但如果把这个指令拆分成两个——先让学生把试卷送给张老师签字，然后送给教务处主任，待学生返回后，再让他把试卷取回来，下午上语文课前发给大家——他可以完成得更好，不会显得粗心或不尊重人。当然这个指令的布置也需要教师评估学生的基线水平，如果学生可以完成三个步骤的指令，那么教师就可以相应调整。

4. 建议家长协助学生制作提示卡片，将重点规则粘贴到学生书桌上

多动症学生可能需要额外的提示或线索的提醒。通常有效的方法是在书桌上贴上一张列有重要事情的提示卡片，旨在提醒学生应该做什么事情并有意识地进行行为矫正。卡片内容可以参考：

- 我做完功课了吗？
- 我认真听讲了吗？
- 老师布置作业时——写到记录本上。
- 用完的书本放回抽屉。

教师可以在不同时间段与学生一起检查日程，协助学生为每次转换做好准备。这么做一方面可以加强对学生良好习惯的培养，另一方面可以减少先天不擅长导致的困境或是失误。如果学生先天不擅长这类事务，就不必花太多时间跟它死磕，找出合理解决的方法，保证顺利学习即可。

5. 建立学生与教师之间的信号规则

多动症学生属于班上需要消耗教师更多精力的学生，为了更好地管理多动症学生，建议教师和学生之间有一些私下的交流。可以针对他作为

"困难户"的点，或者你管理班级头疼的点，建立你们之间的信号规则。比如，当学生在课堂上实在坐不住或者遇到困难时，他可以向你释放约定的信号，或者你要点这位学生起来回答问题、提醒他不能继续这个行为时，你可以向他释放约定的信号。违背信号规则时也需要坚持住之前的底线。建立专属信号规则更重要的意义是达成合作，教师得到学生的信任和配合时，可以更好地开展管理工作。

6. 适度降低对课堂井然有序的要求

把课堂管理得井然有序是很多教师对自己的要求。但是如果班上有一位多动症学生，这个要求可能就会成为奢望。然而这并不是教师的能力问题，也不是这位学生的问题。我们需要接纳多动症学生天然的特点，也要接纳多动症并不能通过短时间教育就完全消失的事实，因此各位教师不必给自己提出绝对严格的要求，遇到不同的学生，采取不同的策略和目标，同时也要考虑到自己的精力。这并不是对学生的放弃，更不是对自己的放弃，而是接纳现状后更好地帮助学生，正面迎接教学工作的挑战。

7. 陈列必要材料，不要总让学生寻找

部分多动症学生不擅长整理、收纳、记忆、归类，并非他们故意为之，确实是他们很难做到。因此在一些课堂活动中，教师可以规避让多动症学生处理这类事务的情况。例如，提前帮他确认五色画笔是否带齐，这样在课堂中需要拿出五支不同颜色的画笔的时候，他就能够跟上大家的速度。如果经常让学生突然暴露在需要整理材料、考验记忆的情境里，他的手忙脚乱、丢三落四就会被放大，他会很容易感觉到挫败，周围同学也很容易觉察到他的不足，进而有可能会引发大家的嘲笑，甚至引发校园欺凌。因此，教师可以协助学生提前陈列必要材料，避免总是让学生无助地做自己不擅长的事。

(二)如何创建有益的学校环境

1. 设计并组织主题班会

以多动症为主题开展班会，让班级学生了解多动症，理解多动症的"不一样"，而不是"不对"或者"不好"。讨论的主题可以是"我们可以为他做什么""他可以为我们做什么"，鼓励多动症学生融入班级，接受班级的帮助，同时也帮助班级。引导班级学生接纳多动症学生，营造同学互助的班风。如果其他同学能够理解和帮助多动症学生，他们的不良行为将会大大减少。

2. 预防学生之间的冲突

多动症学生中有一类是以冲动为特点的，他们很容易推搡、抢话，无法等待，这一类多动症学生尤其容易与同学发生矛盾，教师可以对班级学生做好相关的铺垫和沟通。例如，告知班级学生，某些同学的抢话是因为他们无法按捺等待的感觉，他们会比一般的同学更容易感到着急，但这并不是他们不尊重大家。还可以用一些比喻的方法，例如："他们的手脚就像是上了比我们更快一点的发条，很容易动作做出去了，想法还没跟上。有时我们会观察到他们反应速度很快，有时我们会觉得他们有点冒冒失失的。"用这样的说法去减少多动症学生被误解或被针对的可能性。

3. 获得各科任课教师的配合

管理多动症学生比较劳神，因此对各位任课教师来说都是一个难题。班主任要尽可能地去争取各科任课教师的配合，整体营造一个对学生包容和鼓励的氛围。同时对于学生的优势学科，可以建议该科目任课教师对学生给予更多的认可和鼓励，帮助学生建立自信。

4. 组织主题家长课堂

多动症学生容易干扰课堂秩序，与同学发生冲突，为了创设更有益于多动症学生的校园环境，教师需要争取其他家长的理解和接纳。例如，以多动症为主题组织家长课堂，提前向家长告知班级中可能会出现的情况，如可能会让某些学生在课堂中短暂离座，可能会出现学生冲突的情境，以及教师的处理方法等，以获得家长的理解，鼓励家长对自己的孩子进行正面引导。避免出现家长负面议论或者联名反对的情况。

5. 自我心态调整

如果班上有多动症学生，教师也需要进行自我心态调整，这一点非常重要。多动症学生会出现反复扰乱课堂的情况，但这是他的症状表现，并不代表他不尊重教师，也不代表教师管理课堂的能力不足。我们需要接纳多动症学生的特点，正视他们会给班级管理带来困难的现实，不要气馁，同时做好需要花费精力的心理准备。因此在教学管理当中，各位教师一定要注重自我心态的调整。

（三）如何获得家庭支持

1. 鼓励家长进行专业干预

如果学生被确诊为多动症，鼓励家长去学习相关的知识，并带学生进行专业的治疗与干预，这对学生未来的发展有长远好处。学生进行科学规范的治疗，也能够大大提升他在学校的表现。

2. 形成日常有效沟通

因为多动症学生在记录每天的作业、重要信息（如第二天要带的材料、考试安排等）上有困难，所以教师不必花太多时间去训练学生这项能力，可以采用一些技巧来与家长直接有效沟通。除了现在常用的家长微信群之外，还可以通过"家长一帮一"的形式，借助班上热心的家长，通过带话的形式帮助多动症学生家庭了解作业情况。这的确会增加一些工作量，教师要做好心理准备，需要与家长密切沟通日常细节。

3. 对家长强调学生在人际上的风险，加强提醒与练习

多动症学生在学校里最容易遇到的是人际方面的困扰，进而容易造成压抑、孤立的校园环境。因此建议家长一定要重视孩子在人际上的风险，加强在人际交往上的细节提醒，甚至陪孩子做一些练习。例如，有些多动症学生容易横冲直撞，有时会让同学受伤，这会引发后续一系列问题。因此要提醒多动症学生，在上下楼梯、进出门等关键时刻一定要"慢"，鼓励家长陪孩子练习，背口诀、数秒数等都可以。还可以借鉴抢答时先举手的规则，练习"想发言—举手/询问—发言"的步骤等。这类练习可以有效减少人际摩擦，对学生有很好的保护效果。

第三部分

应激事件及适应性问题

14. 学生遭受欺凌

李辉老师是八年级九班的班主任，近来这个班有些不平静，有几个同学反映学生打架了。

这不，小华妈妈打电话过来说，小华在学校被小浩欺负不止一次了，希望老师密切关注这件事。

李辉老师随后打电话给小浩爸爸询问情况。小浩爸爸态度特别诚恳地说："对不住，孩子给老师惹麻烦了！"紧接着又气愤地说："这小子从小就爱打架惹事，改不掉的'臭毛病'，看我不好好地教训他！"

此时，李辉老师陷入了沉思，自己要怎么做呢？

学生欺凌是指发生在学生之间，一方蓄意或者恶意通过肢体、语言及网络等手段实施欺压、侮辱，造成另一方人身伤害、财产损失或者精神损害的行为。校园是学生学习成长的安全场所，而校园欺凌却是破坏安全环境、伤害学生心身健康的"毒瘤"，必须坚决反对，不能怕惹麻烦。校园欺凌如果没有被及时制止和处理，可能会进一步恶化，导致极端行为的发生。校园欺凌无论是对受欺负的学生还是旁观的学生，都可能造成持久的心理伤害，甚至对欺负别人的学生而言也同样具有严重的危害。对此，我们需要协调多方资源，关注与欺凌相关的各类学生的心理状况。

一、防止受欺凌者再受伤害

受欺凌者是校园欺凌事件的直接受害者，遭受欺凌的学生可能会体验到害怕、孤独、尴尬和无助等一系列负性情绪，其自尊可能会受到较重的损害，如果不及时干预，可能会出现更严重的心理行为问题。因此，教师要尽早发现并制止欺凌行为，为学生尽早提供帮助。

1. 鼓励学生及时向学校报告欺凌

《中华人民共和国未成年人保护法》规定："发现未成年人身心健康受到侵害、疑似受到侵害或者面临其他危险情形的，应当立即向公安、民政、教育等有关部门报告。"应鼓励学生在发生欺凌事件时，尽快报告教师、校长和学校其他工作人员，以便欺凌事件能够得到及时的处理。恃强凌弱的人一旦被教师发现，往往就会停止欺凌，因为他们也担心会惹上麻烦。告诉学生：

"如果你被欺负了，一定要告诉老师。你不是在打小报告，欺凌不是一件小事，不应该你一个人承受。"

"记住，你不能靠自己解决欺凌问题。没有人能做到，即使是成年人也不行。在应对欺凌、骚扰或攻击时，寻求他人的帮助是最正确的方法。"

"让学校知道发生了欺凌事件很重要，因为可能其他学生也被同样的人欺凌。"

2. 倾听学生遭受欺凌的经历

有的学生受到欺凌后，会认为自己无能，甚至会认为被欺凌是耻辱。但是他把自己的经历向成人说出来，感受到被接纳和理解时，就会松一口气。同时，教师对事件了解得越详细，就越有利于制定出相应的反欺凌对策。在倾听的过程中，如果发现学生自我评价过低，可以尝试这样引导：

"不要认为自己是一个糟糕的人，受欺凌不是你的错！"

"你有不被欺负的权利。"

"你和其他人一样，应该享受一个安全环境。"

"恃强凌弱者缺乏安全感，这是他们欺负别人的原因！"

需要注意的是，在倾听学生遭受欺凌的经历时，需要视程度轻重采取不同的措施。如果受欺凌的学生受到伤害的程度较重，学生的倾诉过程可能会进一步引发心理创伤，此时，需要及时寻求专业人员的帮助。

3. 勇于承担起保护受欺凌者的责任

欺凌行为往往会反复发生，作为教师，我们有责任为学生撑起一把

"保护伞"，一起同校园欺凌行为作斗争。学生受到欺凌时，自身的安全感会受到很大威胁。我们要通过言语和行动，让学生相信教师是可以信任的，有教师在，自己是安全的。这些言语和行动，可以体现在以下方面：

"如果有人欺负你，老师愿意和你一起对抗欺凌。"

"老师愿意与你一起讨论和实施对抗欺凌的办法。"例如，将学生的座位调整到更安全的地方，或者在学生离开教室时帮他找一个同伴，以保护他不受欺凌等。

"老师愿意与你寻求更多信任的人的帮助，一起来对抗欺凌。"例如，寻求同学、家长、学校管理人员等的帮助。

要让学生知道，教师非常关心学生的安危，会为被欺负的学生撑腰。

4. 保护受欺凌者在同学中的尊严

学生受到欺凌后，自尊可能会受到损害，可能会在同学中有种"抬不起头来"的感觉。对此，教师要在生活、学习和人际互动等方面给予支持，保护他在班集体中的地位和尊严。可以尝试这样做：

• 增加与学生的教学互动，多支持、鼓励学生。例如，倾听学生对某个问题的看法，但不去评论对与错。

• 积极关注学生的长处、优点，在公共场合表达出来。例如："我看到你在这道数学难题上一直没有放弃，挺好的！"

• 建立良好的师生关系，通过一些生活的细节来表达对学生的关心。例如，为学生倒杯水，与学生一起散散步、聊聊天，等等。

5. 鼓励学生寻求专业的心理帮助

关注学生的一些情绪和行为变化，这些变化体现为情绪低落，不想上学，远离同学，不再参加之前喜欢的活动，也可能体现为成绩下降，睡眠困难、饮食困难，胃痛、头痛等。这些变化都可能是学生的心理健康风险，风险增大时，建议及时寻求心理专业人员的帮助。

二、帮助欺凌者转变行为方式

欺凌事件发生后，我们常常更多关注对受欺凌者的保护和心理干预，容易忽视欺凌者。然而，欺凌者也可能存在心理行为问题，仅靠惩罚未必能够促进学生成长。帮助欺凌者觉察到自己的问题并转变行为方式，是解决欺凌问题的关键。

1. 引导学生反思自己的欺凌行为

学生的欺凌行为发生的常见原因有三种。（1）表达。一些人使用暴力来表达愤怒或沮丧的情绪。（2）操纵。暴力经常被用来操纵他人。（3）报复。当有人曾经被伤害过，想要寻求某种报复时，暴力往往就会出现。学生一般不会无缘无故地欺负人，教师应当问问他欺负别人的原因是什么。他能发现自己做出欺凌行为的原因，就可能发现停止欺凌行为的理由。例如，可以这样询问：

"当你伤害别人的时候，你脑子里想的是什么呢？"

"什么样的事情通常会导致欺凌行为发生？"

"是因为别人伤害了你，所以你也要去伤害别人吗？"

"欺负别人的方式是从别人那里学来的吗？"

"是因为你在家里或者别处受到欺负了吗？"

"是为了掩饰自己的弱点，把贬低别人作为一种隐藏自己无能为力的方式吗？"

"是为了向别人炫耀而欺负人吗？是为了展示自己的力量，从而在群体环境中保持安全吗？"

"欺负有共同特征的人也很常见，是拿自己不喜欢的事来取笑别人吗？"

"有些人感到无力改变自己的处境时，就可能会对别人采取暴力行为，是因为生活不快乐而伤害别人吗？"

2. 引导学生站在受欺凌者的角度思考

为了阻止学生的欺凌行为，需要帮助学生换位思考受欺凌者的感受，从而改变他对受欺凌者的看法。可以尝试做一些引导，例如：

"也许你去伤害别人，是因为你没有从他们的角度思考。"

"问问自己，如果有人这样欺负你，你会怎么想呢？"

"问问自己，你希望别人怎样对待你呢？"

"问问自己，如果你处在受欺凌者的情况下，你会有什么感觉呢？"

"可以花点时间在更多方面了解他们吗？"

"受欺凌者身上是不是也有某些你还没有发现的优点呢？"

引导学生认识到：每个人都是平等的，你不比别人强，别人也不比你强。欣赏每个人的独特之处，而不是评判他们的差异。你希望别人怎样对待你，你就要怎样对待别人。如果你不喜欢别人伤害你的身体或情感，就不要给别人带来这种痛苦。

3. 促使学生向受欺凌者道歉

如果学生已经认识到自己的欺凌行为是不当的，并愿意转变行为，改正错误，那么可以鼓励他向那些被他伤害过的学生真诚道歉，承认错误。这样，其他同学知道他的态度，就有了接纳他的基础，有利于他的行为发生转变，有利于他以平和的方式与人交往。可以这样引导：

"学会善待他人。你应该做的第一件事是向那些被你欺负过的人道歉，告诉他们你已经决定改变了。"

"除非你是真心的，否则不要道歉。如果你说的不是真话，别人是能够感觉到的。"

"承认自己的过错也是一种勇敢。"

"如果你深深地伤害了某些同学，他们可能不想和你说话，也可能不会原谅你，你们的关系可能永远都不会弥合。那么，尊重他们的选择。"

"把注意力集中在你所做、所说的事情上，然后，让大家相信你是真心的，是可以信任的。"

"当其他同学从行为上看到你真的改变时，那么他们就没有理由讨厌或害怕你了。"

4. 要求欺凌者远离不良的社交圈

如果学生的欺凌行为是受不良社交的影响而导致的，那么要帮助他脱离不良社交圈，远离那些有害的朋友。例如，可以这样劝说：

"远离因为你欺负别人而鼓励你的人。"

"如果你为了在朋友中获得地位而伤害他人，那么这些朋友就会对你产生不好的影响。"

"如果你并不想伤害别人，但你觉得为了'交情'而不得不这样做，此时，请离开这些朋友，停止你的欺凌行为。"

"如果你的朋友不支持你改变欺凌他人的行为，那就直接告诉他们，你们不再是朋友了。"

"如果这群伙伴威胁你去欺负别人，可以向你信任的人求助，我们一起来处理这种情况。"

5. 帮助学生承受和度过处罚期

依据欺凌事件的严重程度，欺凌者通常会受到批评或者处分等惩罚（情节严重的还需要承担相应的法律责任）。在学生接受批评和承受处分的压力期，要防止他"破罐子破摔"，促进其正确认识处罚，进而转变行为方式。例如，可以这样引导：

"如果感觉自己被贴上了'坏学生'的标签而无法见人，那么就需要让其他同学们看到你在态度和行为上的改变。"

"老师相信你不是一个坏学生，每一个人都有不同的方面，你也有积极的那一面，只是需要更多地呈现出来。"

"每个人的一生中都会犯错，重要的是如何从错误的模式中转变过来。"

"转变其他同学的印象需要时间，我们一点点来，要有耐心。"

如果学生形成了故意伤害别人的行为方式，那么无论是身体上、语言上还是情感上，都需要打破这种行为方式，停止这种行为。如果学生觉得无法控制自己的欺凌行为，或者难以调控自己的情绪，建议他和学校的心理教师、心理咨询师谈谈，寻求专业人员的心理帮助。

三、关注旁观者的心理状况

一些学生哪怕并未亲自参与，只是目睹校园欺凌的过程，都可能遭受一定程度的心理冲击。如果没有得到及时关注和处理，就可能导致心理健康问题。因此，我们要关注欺凌事件旁观者的经历和心理状况。通常有两种形式：一种是与多名旁观者一起进行面谈，适合于经历类似、互相熟悉等存在共性特点的学生；另一种是一对一面谈，适合于与受欺凌者、欺凌者关系密切，或者与其他旁观者的经历、体验有所不同的学生。

1. 了解学生的经历和感受

每一个旁观者对所经历的欺凌事件的内心体验可能都有所不同，我们需要花一些时间来倾听他们看到了什么，经历了什么，采取了什么样的应对方式，内心感受怎样。但是，无论如何，我们都要尽量去尊重学生的内心体验，去理解和接纳，避免去判断对与错。也许：

• 有的学生因为没敢站出来制止欺凌行为而感到自责，认为自己是"胆小鬼"，其实在那样的情况下，站出来是很不容易的。

• 有的学生因为把欺凌事件报告了家长，而受到了欺凌者的威胁，担心受到欺凌者的报复，每个人都有自我保护的本能，有这种担心也是情有可原的，但学校教师会负起保护学生安全的责任。

• 有的学生认为只是一起打架事件，认为教师是小题大做，这样想也没有关系，也许他们还不了解校园欺凌的危害。

2. 倾听欺凌事件对学生的影响

在了解旁观者的经历和情绪体验之后，进一步询问欺凌事件对学生造成的影响，观察这次事件之后学生在认知、情绪方面有哪些改变，询问下一步有什么样的打算，从应对欺凌事件的角度对学校和班级有什么样的期待，等等。例如：

- 有的学生间接参与了校园欺凌，可能受到的影响更大一些。
- 有的学生虽然没有参与，仅仅看到了欺凌的现场，但是对欺凌场面的耐受力有限，也可能遭受较强的心理冲击。
- 有的学生口头上说没什么，但是情绪上却表现得很激动，实际内心受到的影响也可能较大。

3. 评估学生的心理风险

观察学生在行为、言语、情绪等方面的表现。如果学生明确表达出对欺凌事件的担心、害怕，甚至哭泣，对自我评价过低，对未来悲观绝望等，或者欺凌事件发生后出现学业方面的一些变化或困难，如上课注意力不集中、不想上学、不再与人交往等，这些表现提示学生存在一些心理风险，需要进一步识别，建议寻求心理专业人员的帮助。

四、营造反欺凌的班级氛围

可以采用心理班会、专题课程等形式，组织学生开展反校园欺凌的主题讨论。尽量创设一种开放和诚实的交流氛围，发挥学生的自主性，鼓励学生大胆地表达自己的看法和情感，一起预防校园欺凌的发生。

1. 帮助学生了解什么是校园欺凌

通过一些反欺凌课程，包括人际辅导课、欺凌观影课、角色扮演练习等，告诉学生如果有以下这些行为，就是在欺负他人（参见《速查手册》中的"当学生受欺负时"一章）：

- 戏弄、模仿、辱骂和侮辱他人。
- 以打、踢、掐或以任何其他方式伤害他人。

• 为了自己的利益而操纵他人，让他们感到羞耻，或者剥夺他们的权利和尊严，如背后中伤、人际孤立等。

• 总的来说，欺凌是指一次或多次蓄意或恶意通过肢体、语言及网络等手段实施欺负、侮辱，造成他人身体伤害、财产损失或精神损害的行为。

同时，讲解欺凌的可能原因。欺凌行为可能是从生活环境中学会的，也可能是一种难以控制的冲动性攻击，或者是遭受创伤后的报复行为等。无论是哪一种，都需要进一步了解自己，学会更好处理问题的方法，而不是伤害他人。

2. 一起制定班级反欺凌规则

让学生谈论人际关系，让他们表达对生活中人际关系的期望，讨论怎样才能互相尊重，怎样更好地防止欺凌，并制定一系列反欺凌规则。可以把这些规则公开张贴出来，发给家长，或者写在班级板报上，以引起学生的普遍重视。例如：

• 不许给其他同学起外号。

• 不许嘲笑、侮辱其他同学的"不一样"。

• 不许与他人一起孤立某位同学。

……

值得注意的是，中小学生天真、好动，经常会和同学嬉戏打闹，这种嬉戏打闹是学生校园生活中正常的交往方式。在设定学生交往界限时，不能因为担心发生欺凌而限制学生正常的交往。同时，也要保持规则和界限的稳定，如果规则和界限总是在变化，也可能会给学生造成压力。

3. 团结起来，不做沉默的旁观者

欺凌不是一件小事，需要团结起来一起防止校园欺凌。要想避免被欺凌，两个人总比一个人强。例如，和一个或一群同学一块上学，或课间和同学一起活动。换句话说，要确保身边有朋友。如果学生自己找同伴有困难，可以帮助他找同伴。告诉学生，千万不要害怕告诉老师是在搬弄是非，鼓励学生在看到或听到涉及欺凌的事情时，大声呼吁他人帮助制止，不做沉默的旁观者。例如，可以告诉学生：

"人多力量大，同伴要互相支持，警告欺凌者不要再戏弄、欺负他人，然后一起离开。"

"如果你有朋友，当他遇到麻烦时，主动去帮助他。"

"如果你看到朋友被欺负，要勇敢地站出来，毕竟，我们知道被人欺负有多痛苦。"

"向成年人报告，站在被欺负的那一边，警告欺凌者停下来。"

"用友善的语言支持那些受到伤害的人。"

"和那些有积极影响的朋友交往。"

"多参加一些集体活动，可以帮助你建立积极的友谊。"

4. 讨论遇到危险时的自我保护方法

对于一些严重的肢体伤害行为，直接与欺凌者进行正面对抗可能会造成不必要的身体伤害。这时可以假装顺从，伺机逃跑，或者大声呼救，寻求帮助。而对于一些相对轻微的身体欺凌或语言欺凌等，有时一些简单的方法就可能保护自己，例如：

• 尽可能地避开欺凌者。提前想想你通常会在哪里遇到欺负你的人，不要让他有机会欺负你，避免与他发生冲突。

• 不要逃课或躲起来，你有权利上学接受教育。

• 欺凌者通常会期待你对他们嘲笑的反应，忽略欺凌者的威胁，假装你没有注意到或者不在意（即使你内心确实在意），可能会阻止欺凌者的行为。

• 如果欺凌者对你说了什么，或者做了什么，假装听不到或者不在意，并立即离开现场，到安全的地方去。

• 保持镇静，站直，有时候只要表现得勇敢，就足以阻止欺凌者接近和伤害你。

• 试着分散自己的注意力来保持镇静。从 100 开始倒数，在脑子里唱你最喜欢的歌，等等。保持你的思维被占据，直到你离开那个环境，这样你就可以缓和你的情绪，不会做出欺凌者期待的反应。

无论如何，事后都要及时报告教师和家长，情况严重时还可报警。

5. 讨论在欺凌者面前保持自信的方法

强调学生的长处、才能和目标，与学生讨论什么可以让他感觉良好，什么可以让他看起来更好。帮助学生保持自信的感觉，这样在面对欺凌者时，可以保持冷静和头脑清醒，不表现出懦弱和慌乱。例如：

"你想变得更强壮吗？如果是这样，也许你可以多锻炼。"

"写下你最喜欢的品质，每天把这些读一遍，以增强你的自信心。"

"自我体验良好时，会让你更自信，也许就不那么害怕欺负你的人了。"

"站直了，昂着头，你发出的信息就是：你不会慌乱。"

"当你自信时，会更有勇气，这是可以练习的。如练习抬头走路，看着周围的人，和任何熟悉的人打招呼，练习使用自信的语气说话（不是大喊大叫），等等。"

"勇敢地面对恃强凌弱者，简单地说'不'，或者直接说'别烦我了'就能传达出你不害怕他们的意思。恃强凌弱者倾向于攻击那些不为自己发声的学生，他们认为这些学生好欺负，会逆来顺受。"

6. 提醒学生不要以暴制暴

很多时候，校园欺凌在没有达到严重的恶性程度时，单纯强调惩罚和报复可能会适得其反，导致受欺凌的学生陷入更深的孤立之中。无论是对于被欺凌者，还是欺凌者，我们都应该重视恢复创伤和修复关系，正视学生的心理问题，和学生一起创设安全、关爱的学习成长环境。

五、协调多方资源帮助和保护学生

处理和解决校园欺凌问题，不仅仅是班主任一个人的责任，还需要与家长、心理教师、学校管理者甚至法律工作者等建立工作同盟，共同应对，共同帮助相关学生。

1. 与学生家长沟通

（1）与受欺凌学生家长沟通

家长知道自己的孩子受到欺负时，可能会表现出强烈的情绪，如心疼自己的孩子，对欺凌者感到愤怒，对学校的安全环境表示担忧，甚至会表现出一些过激言语或行为等。对此，作为班主任，我们一方面要表示对他们的情绪表示理解，对孩子表示心疼，另一方面也要承诺尽力为学生营造一个安全的班级和学校环境，希望与家长一起保护孩子的安全和健康。对此，可能需要就以下方面进行沟通：

• 重视受欺凌的事件对学生的影响，了解学生受到伤害的程度，包括身体和心理上的伤害，是否需要就医和心理求助。

• 如何一起处理好这次事件？

• 可以采取什么样的措施，让学生免受到伤害，一起更好地呵护学生的健康，帮助他以后安全地学习和成长？

（2）与欺凌者家长沟通

家长知道自己的孩子在学校欺负了同学时，可能会有多种表现。例如，有的家长会否认欺凌，认为只是普通的同学之间的矛盾引起的争论或打斗，甚至认为自己的孩子也是受害者；有的家长对自己孩子的行为问题给自己惹来麻烦表示无奈和气愤，等等。无论家长表现出什么样的情绪，我们都需要本着"呵护学生健康成长"的理念与家长沟通。例如：

• 如何一起处理好这次的欺凌事件？

• 如何预防此类事件再次发生？

• 如何一起努力帮助学生解决爱发脾气、易冲动、行为控制困难等方面的困扰?

• 如何照顾学生内心需求,采取适度的奖惩措施来促进学生心身健康发展?

(3)与家委会沟通

针对已经发生的欺凌事件,与家委会沟通,探讨家庭、学校、社会联合起来,一起保护好学生安全的对策措施。可以通过家长课堂开展反欺凌教育,让学生家长了解什么是校园欺凌,校园欺凌包括哪些行为,会给学生带来哪些危害,有哪些反校园欺凌的相关法律和规定,等等。还要强调家长在反欺凌行为中的责任,为家长如何发现学生的异常行为、如何报告校园欺凌事件、如何关心支持学生成长提供相关建议。

2. 与学校心理教师沟通

无论是受欺凌者,还是欺凌者,都可能存在一些心理风险,甚至可能已经表现出一些情绪和行为上的症状,这些都需要心理教师从专业的角度予以支持和帮助。对班主任而言,主要涉及以下方面:

• 协助心理教师关注受欺凌者、欺凌者的情绪和行为表现,识别学生可能出现的心理问题,及时预防和干预。

• 配合心理教师对相关学生进行一对一的心理咨询。

• 邀请心理教师到班级进行相关主题的心理授课和团体心理辅导。

• 遇有学生出现心理健康方面的困扰时,及时向心理教师求助。

3. 与各科任课教师沟通

班主任在为欺凌事件的相关学生提供帮助时,需要与各科任课教师沟通交流学生的情况,一起商讨在教学中的注意事项,以形成更强的合力共同预防欺凌,保护学生安全,以及消除学生的情绪和行为问题。例如:

"小华同学因为受到同学的欺负,最近情绪有些低落,希望张老师在课堂上多给他一些支持和鼓励,在同学们面前表扬他的优点，维护他的自信以及在同学中的地位和自尊……"

"小浩同学存在容易冲动、爱发脾气的情绪和行为问题，不过近来他在心理教师的帮助下，正在努力改变自己，希望冯老师可以关注一下他在这方面的变化，我们一起来提醒他、帮助他……"

4. 与学校管理人员沟通

维护安全的校园环境需要学校多部门、多类人员齐抓共管，一起努力。校园欺凌可能发生在学校的任何角落，要与管理人员协商加强校园的安全管理。例如：

• 组建巡查小组，对游戏场地、返校路途、学校走廊、洗手间等容易发生欺凌的监管盲区加强巡查。

与管理人员一起完善可能会涉及的危机干预措施。当大家注意到学生表现出可能伤害他人的行为时，能够及时干预是很重要的。例如：

• 听到学生受到威胁时；

• 有学生发生肢体冲突时；

• 有学生带刀具等危险品到学校时；

……

一旦发现，应该立即采取措施予以制止，并鼓励学生在遇到类似情况时，及时向教师或学校管理人员报告。

知识链接

《中华人民共和国未成年人保护法》关于情况报告及学生欺凌防控的相关规定

第十一条 任何组织或者个人发现不利于未成年人身心健康或者侵犯未成年人合法权益的情形，都有权劝阻、制止或者向公安、民政、教育等有关部门提出检举、控告。

国家机关、居民委员会、村民委员会、密切接触未成年人的单位及其工作人员，在工作中发现未成年人身心健康受到侵害、疑似受到侵害或者面临其他危险情形的，应当立即向公安、民政、教育等有关部门报告。

有关部门接到涉及未成年人的检举、控告或者报告，应当依法及时受理、处置，并以适当方式将处理结果告知相关单位和人员。

第三十九条　学校应当建立学生欺凌防控工作制度，对教职员工、学生等开展防治学生欺凌的教育和培训。

学校对学生欺凌行为应当立即制止，通知实施欺凌和被欺凌未成年学生的父母或者其他监护人参与欺凌行为的认定和处理；对相关未成年学生及时给予心理辅导、教育和引导；对相关未成年学生的父母或者其他监护人给予必要的家庭教育指导。

对实施欺凌的未成年学生，学校应当根据欺凌行为的性质和程度，依法加强管教。对严重的欺凌行为，学校不得隐瞒，应当及时向公安机关、教育行政部门报告，并配合相关部门依法处理。

第七十七条　任何组织或者个人不得通过网络以文字、图片、音视频等形式，对未成年人实施侮辱、诽谤、威胁或者恶意损害形象等网络欺凌行为。

遭受网络欺凌的未成年人及其父母或者其他监护人有权通知网络服务提供者采取删除、屏蔽、断开链接等措施。网络服务提供者接到通知后，应当及时采取必要的措施制止网络欺凌行为，防止信息扩散。

15. 学生无法适应新班级

小宇刚刚转到新的小学上四年级，开学一个月了，他依然上课注意力不集中，课下补课上的知识，做作业时速度很慢，常常要到很晚才能完成当天的作业，各科考试成绩均有下降。

除了学习的烦恼，小宇还遇到了交朋友的困难。小宇总觉得还是以前的学校、以前的老师、以前的同学好，难以融入现在的班级。他做任何事都喜欢与原来的班级和老师作比较，经常出现在他的日记本里的一句话就是"以前我们班的某某同学如何如何"。新同学找他玩，他也总是磨磨蹭蹭，不知道在犹豫什么，这让他越发难以交到新朋友。

一、如何更好地理解学生

（一）什么是适应障碍

适应障碍是个体在日常生活中无法根据情境的要求做出应变，而陷入主观痛苦和情绪紊乱的心理障碍。那么，什么情况下会出现适应障碍？学生进入新班级意味着周围的环境有了变化，如教师、同学、校园环境、学习节奏等，这会让一些学生体验到较大的压力，也就成了应激源。

教师在教学工作中常常会遇到存在适应障碍的学生。对于中小学生来说，导致适应困难的情境与成人不同，很多事件有可能成为应激源，例如：

- 搬家；
- 升学；
- 换班级；
- 换学校；
- 出国；

- 弟弟妹妹出生；

- 亲友患重病；

- 亲友去世；

- 失去宠物；

- 被羞辱；

- 被遗弃；

……

作为教师，了解适应障碍的典型表现和应对思路能在教学过程中帮助学生及其家庭识别问题，及时获取相应的专业支持，有时抓住时机就能帮助学生很好地过渡。教师及时有效的引导可以帮助适应障碍的学生更好地融入校园环境，大大缩减学生无效探索的时间，对于学生和家庭有很大帮助。

（二）当学生疑似存在适应障碍时，教师需要了解什么

1. 学生目前遇到的困难是什么

学生疑似存在适应障碍时，应该会有一些可疑的表现，但那可能只是教师观察到的部分情况，教师需要更清晰地了解学生到底遇到了哪些适应方面的困难。可以通过与学生直接交流、日常观察、与学生父母交流等方式获取更多元的信息。例如，了解学生的困难是关于学习的，还是与新同学、教师之间的人际相处，对新规则的适应，或者学生自身的家庭有关。

2. 学生过去有没有出现过类似情况

有些问题在一个人身上会重复出现，教师可以了解学生在过往的学习成长过程中是否也出现过类似的"适应障碍"，如果出现过，当时是如何解决的。有可能过去的经历中存在一些可以借鉴的方法。教师如果发现类似情况在学生身上反复出现，应当将这一情况反馈给家长，促使家长提起重视。

3. 学生目前受影响的程度如何

每个人换了新的环境，或多或少都会出现一些适应方面的压力，对于一些轻微的表现并不需要大惊小怪，它会随着时间的推移慢慢被学生消化。只有达到一定的程度时，才值得重视并采取行动。因此教师需要了解学生目前受影响的程度。例如，是否能正常参与学习和校园活动？能否正常与周围的人相处？每天基本的情绪状态是怎样的？饮食和睡眠是否受到影响？

4. 学生目前可以从哪些方面得到帮助和支持

社会支持是指父母、亲戚、朋友等给予个体的精神或物质上的帮助和支持。教师在发现学生疑似存在适应障碍时，需要了解他目前有哪些社会支持，例如，家长是否知晓情况，是否理解并在协助他过渡，他是否有可以倾诉的人——无论在不在身边都可以，当他遇到困难时是否有可以求助的对象或渠道，等等。

二、如何更好地帮助学生

（一）如何与存在适应障碍的学生相处

1. 教师主动出击

当学生疑似存在适应障碍时，教师应该主动出击，让学生感觉到目前的环境是有温度和有关怀的。教师可以主动找学生谈话，与学生建立联系，同时可以了解一些信息，如学生目前的生活和学习细节、遇到的困难；也可以更多地介绍自己和周围的环境，如其他任课教师以及班级的情况。

2. 让学生提前了解可能会遇到的困难

如果学生疑似存在适应障碍，那么一定是在他的想象层面或现实层面有"困难"，也就是说有一些困难并非已经发生，而是存在于学生的想象里。教师可以通过预告环境中的困难，让学生消除顾虑，或者让困难具象化。例如，学生可能会担心自己应付不了学校频繁的考试，但感觉别的同学好像都不害怕，因此感到压力倍增。那么教师可以预告学校具体会在什么时候有考试，每次都考哪些内容，可以通过哪些方式复习和准备，其他同学都是从什么时候开始准备的，有什么好的复习方法，等等。通过预告环境中的困难，让学生有更多的心理缓冲，同时增强内心的掌控感，可以有效缓解学生的不安。

3. 了解学生目前的遭遇

有部分学生疑似存在适应困难是因为他真实经历了环境中的压力或威胁，例如，有同学对他释放了不友善的信号，或者他上课后发现学习很吃力。也就是说环境中的确存在他无法解决的真实的困难。这个时候教师需要厘清困难，并且评估有哪些解决的办法，必要时联合家长、其他教师和同学等合力解决，不要要求学生自行消化。以学习困难为例，可能需要联系相关任课教师，给学生提供更为细致的支持，如额外的答疑或作业，给学生提供专门的"脚手架"等。在帮助的同时尽量不让其他同学知道或误会，避免学生因为特殊对待而感到不自在，或被人议论。在与家长的沟通中要告知学生目前的学习困难，建议家长提供作业辅导，平时多鼓励孩子，陪伴孩子面对困难。还可以让擅长相关学科的同学提供适当的帮助，如结对学习。

4. 帮助学生建立求助通道

从进化心理学的角度来说，人到了新的环境就会出现不同程度的应激，这样可以敏锐捕捉到环境中的危险因素，从而更好地保护自己，生存下来。如果学生知道有更多的工具可以应对困难，那么他的适应障碍症状就能得到有效缓解。因此，教师可以根据对学生的观察，提供明确的求助通道。可以这样和学生说：

"这学期很多同学反映学习数学很吃力，如果你也有这种感觉，可以每周三下午4点到5点去找数学老师，他把那个时间段空出来给同学们答疑了。"

"你遇到什么困难，或者有不懂的都可以来找我，我上午的课间都在办公室，你可以随时过来。"

提供求助通道的时候一定要清晰具体，让学生一听就明白可以怎么做，如果很抽象地说"你可以多问问别人"，会让学生感到操作有难度，难以采用。

此外，还可以告知学生去向某些同学、学校管理人员等寻求帮助，学校的心理咨询室、图书馆等资源也可以提供给学生。

5. 持续观察一段时间

适应障碍通常会随着时间的流逝而缓解，因此教师不用非常着急地采取大动作，而应给学生留出适应和探索的空间，同时也要留意学生适应情况的波动。适应通常是一个过程，会受到不确定因素的影响，尤其是适应能力弱的学生，容易在过程中波动或反复，有时可能看起来适应了，教师也就放松了观察，但事实上学生并不一定是真适应了。如果没有在磨合阶段为学生"保驾护航"，学生可能会需要很长一段时间来适应，也会增加其他心理健康方面的风险。

6. 针对学生面临的适应主题采取一些特殊措施

如果学生在某个学科上存在学习困难，或者在人际方面存在适应障碍，可以尝试结对帮助过渡。

例如，如果学生在某个学科上存在学习困难，可以选择班上合适的同学与他结对，帮助他过渡；如果学生比较腼腆慢热，在人际方面存在适应障碍，可以指派有亲和力、热情外向的同学引导他参与集体活动。

如果学生对新环境的规则或节奏不适应，可以尝试详细讲解，并引导学生理解。有些学生进入新学校之后，会对新的规则感到不适应。例如，新学校有早课，比在原来的学校时需要更早起床，因而有抵触情绪，难以融入。这个时候教师可以与学生讨论这件事，对规则背后的原因做出适当解释，让学生理解这么做的原因。记住，这样做的目的不是说服学生，他可能仍然不接受原因，但告知原因有利于缓解负面情绪，同时让学生感到被重视、被支持，因而能更顺利地过渡。

（二）如何创设有益的学校环境

有学者研究了班级环境与学生的学校适应以及学校生活满意度之间的

关系，结果发现班级环境对学校适应的三个维度都有显著的预测作用，也能显著预测学校生活的满意度。

学习环境与学生的认知和情感发展有着密切的关联，这种相关关系在年龄较大的学生中表现得更为明显。具体来说，当校园环境有凝聚力、有目标、有组织和较少冲突时，学生在认知和情感指标上的得分会比较高。创设良好的校园环境有益于学生的身心发展。

如何针对有适应障碍的学生创设有益的校园环境？

1. 设计自我介绍环节

学生进入新环境是需要"脚手架"的，例如，一个正式的自我介绍环节。教师在设计自我介绍环节时，要谨记目标是让学生更好地融入环境，因此这个环节应当尽可能提供积极体验。例如，选择在一个轻松愉快的氛围中开展，而不要选择在临近考试时，也不要占用课间休息时间，那样容易引发其他学生的反感。尽量提前告知学生会在什么时候让他做自我介绍，避免突袭，因为存在适应障碍的学生通常更容易紧张。如果观察到学生非常害羞拘谨，可以多给他一点时间，让他能够充分准备。在学生自我介绍过程中，可以适当给予眼神肯定和鼓励。

2. 让学生有亮相的机会

有的学生存在适应障碍，是因为担心在新环境中不被接纳。如果能让学生比较早地展示他的亮点和优势，有助于提高他在新环境中的自信心，更快地体验到新环境中的认同和赞美，同时也有助于他交朋友。同样要注意，要选择一个轻松恰当的时机。如果感觉学生暂时没有适合亮相的特点，那么可以针对他的性格特征或优点安排一些职务、布置一些任务，如让他当小组长，让他帮忙收发某类作业，这样也能给学生提供自我展示的机会。

3. 鼓励学生参与合作和竞争

存在适应障碍的学生通常在活动上比较退缩，容易拒绝参加各类活动或进行自我展示，因为他会担心自己表现不好，反而不被人喜欢。教师可以鼓励学生适当参与各类活动，在这个过程中他可以体验到合作与竞争，从而加深与同学之间的联系。同时，当学生投入参与一件事时，他就不会沉湎于负面情绪或担忧中，这有利于学生走出适应困境。

4. 与其他任课教师提前沟通

观察到学生存在适应障碍时，要致力于给他打造一个有支持感的环境，因此其他任课教师的态度也非常重要。可以提前与其他任课教师沟通，获得他们的理解和包容。同时也提示其他任课教师给这类学生多一点适应的时间，不要当众给他们压力或批评，主动向他们问询学业并提供帮助。

5. 与心理教师沟通

如果观察到学生无法适应新班级，可以推荐他去学校的心理教师那里接受心理辅导。适应主题很适合做心理咨询，并且容易取得效果。在推荐学生去做心理辅导之前，可以先和心理教师沟通，把自己观察到的情况告知心理教师，同时也可以从心理教师那里获得关于日常需要关注事项的更多建议。

（三）如何获得家庭支持

1. 让家长重视"融入期"

观察到学生存在适应障碍时，要主动与家长联系，明确告知学生的情况，并且让家长重视"融入期"。学生处于适应阶段，可能代表这个家庭面临着一些变化，也正在适应，因此部分家长对孩子有所忽视。教师要让家长形成重视"融入期"的意识，从而获得家长的支持。

2. 让家长知道这是一个过程

适应是一个阶段，一个过程。在确认学生完全适应现在的环境前，需要定期与家长沟通，了解学生的动态与变化。单次沟通很有可能是不够的。适应周期受到每个学生的个性特征、所处环境和压力等因素的影响，差异较大。我们追求的是学生基本适应环境，能在环境中正常地生活和学习，因此需要留出足够的时间，确保学生逐步融入环境。

3. 鼓励家长提供情感支持

存在适应障碍的学生常常伴随着负面的情绪，如焦虑、恐惧、抑郁。如果家长能够在情感方面提供疏通和指导，将为孩子克服适应障碍提供极大助力。应鼓励家长多在情感方面倾听、陪伴、引导学生，让学生感觉到即使环境压力大或环境不理想，家人仍然坚定地站在自己身后，这是最直接的支持。

4. 鼓励家长陪孩子做准备

当学生存在适应障碍时，可以鼓励家长多采取一些措施。首先，家长要深入了解孩子遇到的困难，尝试帮助孩子拆分，并且鼓励孩子积极面对。然后，家长可以为孩子做一些准备和支持工作，例如，如果孩子是因为害羞难以融入新班级，交不到新朋友，可以让他亲手制作一些小礼物带到班级里发给同学，或者组织孩子和同学一起参与一些校外的集体活动，如一起去博物馆或者野餐。家长主动组织活动，一方面有利于推动新朋友的主动靠近，另一方面会降低孩子对新情境的紧张程度，从而更好地适应。

5. 鼓励家长参与学校活动

学校会举办一些家校共育活动，可以鼓励存在适应障碍的学生的家长积极参与，目的是给孩子做示范。如果孩子有适应障碍，家长也不积极融入学校的环境，表现出回避，可能会增加孩子的担忧。相反，家长出现在环境中做出积极的示范，能让孩子更加放松，提升安全感。

附录 有自杀风险的学生返校安全计划书范本

学生的安全计划书

对我来说，这些是危机可能开始发展的早期警告信号(想法、情绪、情境、行动等)：

1.

2.

3.

我可以做一些有助于我分散注意力/应对感受/不再被问题困扰的事：

1.

2.

3.

我可以去使我感到安全舒适的地方，例如：

1.

2.

3.

这些是我要保证自己的安全，并好好活下去的理由：

1.

2.

3.

在发生危机时，我并非孤立无援，我可以打电话寻求帮助：

1. 姓名：　　　　　　　　电话：

2. 姓名：　　　　　　　　电话：

3. 姓名：　　　　　　　　电话：

在危机状况发生时，我可以联系的专业人士或机构：

1. 医生或机构名称：　　　　电话：

2. 医生或机构名称：　　　　电话：

3. 拨打报警电话 110

续表

4. 全国 24 小时自杀干预热线：
5. 本地 24 小时自杀干预热线：
6. 其他自杀干预项目的电话：
我喜欢自己的这些长处：（写下/画出我的生活中的正面的事情）
1.
2.
3.
我期盼做的事：（写下/画出我喜欢/享受的事情，并写下为什么我期盼做这些事）
1.
2.
3.
我还有照顾自己、应对压力和令自己感觉良好的事情，例如： 运动　　　　帮助他人　　　　与他人在一起　　上学　　外出 健康饮食　　参加群体活动　　充足睡眠 培养爱好　　找时间放松　　　深呼吸
我同意按照以上计划来保证我的安全。 学生姓名(签名)： 教师姓名(签名)： 日期：

我的孩子的安全计划书(家长)

学生姓名：　　　　　　　　　家长/照顾者姓名：
对孩子行为/状况的担心：
防止我的孩子出现危险情况的计划
我准备采取的行动计划，以防止或预防我的孩子可能的危机或紧急情况：

续表

我的孩子出现危险情况时的行动计划
有哪些迹象表明可能会发生危险的事情？（描述可能显示出或感觉到的危险行为或反应，或其他可能表明危险的行为或环境迹象） 1. 2.
我会采取的保护孩子安全的行动计划： 1. 2. 如果在采取了行动步骤后，我仍然觉得我的孩子不安全，我将：（包括可采取的下一步措施，如打电话给家人或朋友寻求支持，或拨打紧急联系电话寻求支持，等等） 1. 2.

我可以联系的家人/支持（他们可能无法立即赶到，如果我需要尽快得到帮助，我可以拨打 110 或其他紧急联系电话）。		报警/急救电话：110/120 本地危机支持热线(24/7 可用)： 危机支持热线：
名字/关系	电话号码	

家长姓名(签字)：　　　　　　日期：

教师姓名(签字)：　　　　　　日期：

参考文献

1.学生缺乏学习动机

德韦克.杨百彦，乔慧存，杨馨，译.(2011).看见成长的自己.北京：中信出版社.

Deci，E. L.，& Ryan，R. M.（1985）.Intrinsic motivation and self-determination in human behavior. Berlin：Springer Science & Business Media.

Vu，T.，Magis-Weinberg，L.，Jansen，B. R. J.，Van Atteveldt，N.，Janssen，T. W. P.，Lee，N. C.，Van Der Maas，H. L. J.，Raijmakers，M. E. J.，Sachisthal，M. S. M.，& Meeter，M.（2022）.Motivation-achievement cycles in learning：a literature review and research agenda. Educational Psychology Review，34(1)，39-71.

2.学生不来上学

胡乐乐.(2021).学生不愿意来上学，怎么办？中小学班主任，(S1)，57＋59.

李荣荣.(2021).浅谈对小学生厌学心理的辅导.教书育人(上旬刊)，(10)，34-35.

纪慧珊.(2021).我不想上学——应用焦点解决短期疗法辅导小学生厌学心理.中小学心理健康教育，(27)，29-32.

王文菊，吴青.(2022).从"厌学"到"好学"——农村留守儿童厌学心理转化策略.湖南教育(A 版)，(4)，51-53.

3.学生书写、阅读能力差——读写困难

香港教育局.(2018).特殊教育需要学生校内考试特别安排.2023-07-03，

取自 https：//www. edb. gov. hk/attachment/sc/curriculum-development/major-level-of-edu/special-educational-needs/supporting-resources/specialexamarrangement_20181210. pdf.

Belli，B. (2020). Dyslexia doesn't impede Yale students; they see it as an asset. YaleNews，November. 3.

Shaywitz， S. E. （1998）. Current concepts: dyslexia. The New England Journal of Medicine，338(5)，307-312.

Shaywitz, S. E., Shaywitz, B. A., Pugh, K. R., Fulbright, R. K., Constable, R. T., Mencl, W. E., Shankweiler, D. P., Liberman A. M., Skudlarski, P., Fletcher, J. M., Katz, L., Marchione, K. E., Lacadie, C., Gatenby, C., & Gore, J. C. （1998）. Functional disruption in the organization of the brain for reading in dyslexia. Proceedings of the National Academy of Sciences of the United States of America, 95(5), 2636-2641.

Stevenson, H. W., Stigler, J. W., Lucker, G. W., Lee, S., Hsu, C., & Kitamura, S. （1982）. Reading disabilities: the case of Chinese, Japanese, and English. Child Development，53(5)，1164-1181.

4. 学生考试焦虑

Cassaday, H. J., Bloomfield, R. E., & Hayward, N. (2002). Relaxed conditions can provide memory cues in both undergraduates and primary school children. British Journal of Educational Psychology, 72 (4), 531-547.

Van Der Wege, M., & Barry, L. A. （2008）. Potential perils of changing environmental context on examination scores. College Teaching，56(3)，173-176.

5. 学生在课堂上睡觉

Carskadon，M. A.（2011）. Sleep in adolescents：the perfect storm. Pediatric Clinics of North America，58(3)，637-647.

Dahl，R. E.，& Lewin，D. S.（2002）. Pathways to adolescent health sleep regulation and behavior. Journal of Adolescent Health，31（6），175-184.

Owens，J.（2014）. Insufficient sleep in adolescents and young adults：an update on causes and consequences. Pediatrics，134（3），e921-e932.

6. 学生患有强迫症

Abramowitz，J. S.，Deacon，B. J.，Olatunji，B. O.，Wheaton，M. G.，Berman，N. C.，Losardo，D.，Timpano，K. R.，McGrath，P. B.，Riemann，B. C.，Adams，T.，Björgvinsson，T.，Storch，E. A.，& Hale，L. R.（2010）. Assessment of obsessive-compulsive symptom dimensions：development and evaluation of the Dimensional Obsessive-Compulsive Scale. Psychological Assessment，22(1)，180-198.

Williams，M. T.，Farris，S. G.，Turkheimer，E.，Franklin，M. E.，Simpson，H. B.，Liebowitz，M.，& Foa，E. B.（2014）. The impact of symptom dimensions on outcomes for exposure and ritual prevention therapy for obsessive-compulsive disorder. Journal of Anxiety Disorders，28（6），553-558.

7. 学生感到自卑

陈祉妍，王雅芯，明志君，刘亚男，翟婧雅.（2021）. 日常生活心理健康50问. 北京：商务印书馆.

樊富珉.（2015）. 结构式团体辅导与咨询应用实例. 北京：高等教育出版社.

Aspy，D. N.，& Roebuck，F. N..（1975）. The relationship of teacheroffered conditions of meaning to behaviors described by Flanders, interaction analysis. Education，95(3)，216-222.

8. 学生经常违纪

Embry，D. D.（2002）. The good behavior game：a best practice candidate as a universal behavioral vaccine. Clinical Child and Family Psychology Review，5(4)，273-297.

Lee，T.（2012）. School-based interventions for disruptive behavior. Child and Adolescent Psychiatric Clinics of North America，21（1），161-174.

Zisser，A.，& Eyberg，S. M.（2010）. Parent- child interaction therapy and the treatment of disruptive behavior disorders. In J. R. Weisz & A. E. Kazdin （Eds.），Evidence-based psychotherapies for children and adolescents（2nd ed.）. New York：The Guilford Press.

9. 学生自伤

韩阿珠，徐耿，苏普玉.（2017）. 中国大陆中学生非自杀性自伤流行特征的 Meta 分析. 中国学校卫生，38(11)，1665-1670.

江光荣，于丽霞，郑莺，冯玉，凌霄.（2011）. 自伤行为研究：现状、问题与建议. 心理科学进展，19(6)，861-873.

温宇娇，徐一凡，乔丹，刘志芬.（2020）. 青少年非自杀性自伤行为的社会心理因素解释模型及干预研究. 国际精神病学杂志，47(5)，885-888.

Møhl，B.（2019）. Assessment and treatment of non-suicidal self-injury：a clinical perspective. New York：Routledge.

World Health Organization and the United Nations Children's Fund.（2021）. Helping adolescents thrive toolkit：strategies to promote and protect adolescent mental health and reduce self-harm and other risk behaviours. Geneva：World Health Organization and the United Nations

Children's Fund（UNICEF）.

10.学生患有抑郁症

贝克，奥尔福德.杨芳，等译.（2014）.抑郁症（原书第2版）.北京：机械工业出版社.

Calear，A. L.，& Christensen，H.（2010）. Systematic review of school-based prevention and early intervention programs for depression. Journal of Adolescence，33（3），429-438.

Huberty，T. J.（2010）. Depression：supporting students at school. In National Association of School Psychologists（Ed.），Helping children at home and school Ⅲ：handouts for families and educators. Bethesda：National Association of School Psychologists（NASP）.

World Health Organization.（2021）. Mental health in schools：a manual. Cairo：Regional Office for the Eastern Mediterranean.

11.学生有过自杀行为

香港教育局.（2017）.识别、支援及转介有自杀行为的学生：学校资源手册.2023-07-03，取自 https：//mentalhealth. edb. gov. hk/sc/early-identification-at-the-selective-level/resources-and-guidelines/25. html.

攸佳宁.（2022）.广东省中小学心理危机干预手册.广州：广东教育出版社.

詹姆斯，吉利兰.肖水源，等译.（2019）.危机干预策略（第七版）.北京：中国轻工业出版社.

World Health Organization.（2000）. Preventing suicide：a resource for teachers and other school staff. Geneva：Department of Mental Health World Health Organization.

12.学生易发脾气

陈祉妍，明志君.（2023）.情绪健身房：21天陪你应对抑郁和焦虑.北京：机械工业出版社.

杨柳.(2021).对情绪失控初中生的危机干预.中小学心理健康教育，13，48-50.

Breuer, J., & Elson, M. (2017). Frustration-aggression theory. In P. Sturmey (Ed.), The Wiley handbook of violence and aggression. Chichester：Wiley Blackwell.

Faupel, A., Herrick, E., & Sharp, P. M. (2017). Anger management：a practical guide for teachers. London：Routledge.

Kanning, M., & Schlicht, W. (2010). Be active and become happy：an ecological momentary assessment of physical activity and mood. Journal of Sport and Exercise Psychology, 32(2), 253-261.

Stringaris, A., Vidal - Ribas, P., Brotman, M. A., & Leibenluft, E. (2018). Practitioner review：definition, recognition, and treatment challenges of irritability in young people. Journal of Child Psychology and Psychiatry, 59(7), 721-739.

13. 学生患有多动症

冷方南，凌耀星，彭国忱，李宜瑞，韩新民.(2010).儿童多动症临床治疗学.北京：人民军医出版社.

慕雯雯.(2008).ADHD儿童课堂干扰行为处理的个案研究(硕士学位论文).重庆：重庆师范大学.

张庆华，邵景进，韩晓慧.(2009).美国ADHD儿童课堂环境管理策略及启示.心理研究，2(2)，91-94.

Konrad, K., & Eickhoff, S. B. (2010). Is the ADHD brain wired differently? A review on structural and functional connectivity in attention deficit hyperactivity disorder. Human Brain Mapping, 31(6), 904-916.

Barkley, R. A., & Wasserstein, J. (2000). ADHD and the nature of self-control. Journal of Cognitive Psychotherapy，14(1)，111-113.

14. 学生遭受欺凌

教育部等十一部门. (2017). 关于印发《加强中小学生欺凌综合治理方案》的通知，2023-07-03，取自 http：//www. moe. gov. cn/srcsite/A11/moe_1789/201712/t20171226_322701. html.

赵陵波，赖丽足，林羽中，赵春晓，任志洪. (2018). 校园反欺凌项目干预效果及影响因素：元分析和 GRADE 证据质量. 心理科学进展，26(12)，2113-2128.

Beane，A. L. (2008). Protect your child from bullying：expert advice to help you recognize，prevent，and stop bullying before your child gets hurt. San Francisco：Jossey-Bass.

Black，S.，Weinles，D.，& Washington，E. (2010). Victim strategies to stop bullying. Youth Violence and Juvenile Justice，8(2)，138-147.

Chan，H. C.，& Wong，D. S. W. (2015). Traditional school bullying and cyberbullying in Chinese societies：prevalence and a review of the whole-school intervention approach. Aggression and Violent Behavior，23，98-108.

Goodstein，P. K. (2013). How to stop bullying in classrooms and schools：using social architecture to prevent，lessen，and end bullying. New York：Routledge.

Lomas，J.，Stough，C.，Hansen，K.，& Downey，L. A. (2012). Brief report：emotional intelligence，victimisation and bullying in adolescents. Journal of Adolescence，35(1)，207-211.

Scaglione，J.，& Scaglione，A. R. (2006). Bully-proofing children：a practical，hands-on guide to stop bullying. Lanham：Rowman & Littlefield Publishers.

Zhang，H.，Han，T.，Ma，S.，Qu，G.，Zhao，T.，Ding，X.，Sun，L.，Qin，Q.，Chen，M.，& Sun，Y.（2022）.Association of child maltreatment and bullying victimization among Chinese adolescents：the mediating role of family function，resilience，and anxiety.Journal of Affective Disorders，299（Suppl C），12-21.

15.学生无法适应新班级

斯坦伯格.孙润松，译.（2019）.与青春期和解：理解青少年思想行为的心理学指南.北京：人民邮电出版社.

李沨婷.（2021）.心灵蜕变——恋旧心理带来的学习适应不良心理辅导案例.广东省教师继续教育学会第四届教学研讨会论文集，153-159.

江光荣.（2002）.班级社会生态环境研究.武汉：华中师范大学出版社.

屈智勇，邹泓，王英春.（2004）.不同班级环境类型对学生学校适应的影响.心理科学，27（1），207-211.

Adams P.，& Tucker，S. A.（2007）.Every child matters：change for children in schools.Education，35（3），209-211.